人間と宗教
あるいは日本人の心の基軸

寺島実郎
Terashima Jitsuro

人間と宗教

あるいは日本人の心の基軸

岩波書店

はじめに――三つのプロローグ

私自身は宗教者ではない。特定の宗教に帰依しているわけでもない。ビジネスと社会科学の世界を生きてきた人間である。その私が、仕事を通じて世界を動き回り、仕事における課題を解決するために現地の人たちと真剣に向き合ううちに、宗教への関心を深めることになった。何故ならば、世界は宗教に溢れており、本気で意思疎通するには相手の思考回路と精神性を理解する必要があり、宗教は避けて通れないのである。とくに一九八〇年代初頭からは、イスラム原理主義革命が起きたイランと向き合うために、中東一神教(ユダヤ教、キリスト教、イスラム教)に関する文献を読み込み、中東専門家を訪ねて欧州・米国や中東の各地を転戦する体験を約一〇年近く続けた。

そうした私の体験は、戦後日本という時代背景がもたらした特殊な経験だったといえる。私は、父が石炭会社に勤めていたために北海道の炭鉱で生まれた。敗戦後の日本は復興のエネルギー源をまず「石炭」に求めた。傾斜生産方式で石炭開発に立ち向かい、筑豊、常磐、北海道の炭鉱に海外からの引き揚げ者を吸収した。石炭産業が陰りを見せ、一次エネルギー供給において石油が石炭を凌駕したのは一九六一年であった。「エネルギー流体革命」といわれ、産業活動を支える石油の供給源を中東産油国に求めるようになっていった。一九七三年の「石油危機」に際して、日本は「アラブ友好国宣言」をして湾岸産油国との関係を深めた。そして、一九七九年、イランで「ホメイニ革命」といわれたイスラム原理主義革命が起こり、英国に代わってペルシャ湾に覇権を確立していた米国の中東戦略の基盤が崩れた。

当時、私は総合商社三井物産の社員であった。三井物産は「資源小国」たる日本の成長基盤を支えるエネルギー資源調達のため、イランとの関係を深めて、石油開発と石油随伴ガスを利用した石油化学コンビナート事業のイランでの展開を進めていた。その象徴的プロジェクトがＩＪＰＣ（イラン・ジャパン石油化学事業）である。イラン・イラクの国境近くのサイトで進められた建設工事が八割以上も完成していた時点での「イラン革命」であった。革命後のイスラム原理主義政権と如何に向き合うか、そのための情報活動の一環で、若輩だった私は世界中の中東・イラン問題の専門家を訪ね歩く情報活動に引き込まれ、欧米、イスラエル、湾岸産油国を動き回ることになった。事態は深刻化し、一九八〇年九月にはイラン・イラク戦争が始まり、建設現場がサダム・フセインのイラク空軍機によって二十数回爆撃され、ＩＪＰＣは「革命と戦争に襲われた悲劇の事業」として、懸命のクライシス・マネジメントを余儀なくされたのである。

この課題解決のために中東問題の専門家や地域の人たちと正対するには、ユダヤ教、キリスト教、イスラム教といった中東一神教の理解が不可欠と感じるようになっていった。そして、当然のことながら、世界の宗教の熱量の中を動くことは、「日本人の精神性とは何か」についても問い返すことに繋がり、自分自身の心の基軸を再考する機会にもなった。この本は、現場でのフィールドワークと文献研究の往復の中で積み上げられた人間と宗教についての考察の集約であり、まずは三つの忘れがたい体験をプロローグとして語っておきたい。

プロローグ1　ゴルゴダの丘への道——世界を変えた男の死について

「エルサレム・シンドローム」という言葉がある。中東一神教の聖地エルサレムを訪れた信者たちが陥る幻覚症状で、この地の独特の空気に触発され、「モーゼの声を聴いた」「キリストを見かけた」などと口走り始めるのだという。わからなくもないという印象がある。

私はキリスト者ではないが、最初は興味本位で、二回目は思いを込めて、キリストがゴルゴダの丘の刑場に十字架を担いで歩いたとされる道(ヴィア・ドロローサ)を一人で噛みしめるように歩いたことがある。ユダヤ教のラビの一人にすぎなかった青年イエス・キリストの死が何故世界を変えることになったのか、私の心には、キリスト教に強く思いを寄せた芥川龍之介の「さまよえる猶太《ユダヤ》人」の物語が響いていた。イエスが歩いた道は、当時も今も繁華街の細い路地で、この道でイエスは三度つまずいたといわれる。

その情景を芥川はこの道沿いに店を構える「その男ヨセフ」を登場させて描き出している。自分の店の前でよろけて息を継ぐキリストに対し、「多くの人々の手前、祭司たちへの忠義ぶりが見せようござったによって」、ヨセフは罵声を浴びせ、小突きまわした。その時、キリストが発した言葉が「行けというなら、行かぬでもないが、その代り、その方はわしの帰るまで、待って居れよ」

であった。

「待って居れよ」というこの一言が人類史を変えた。史実か否かは別にして、キリストの再臨を意味する「待って居れよ」は、それを待つ心を生きる力とする人たちを連綿と繋ぎとめてきた。「キリスト教はパウロが創った」という言葉があるが、キリストに会ったこともなかった使徒パウロが「キリストの磔上の死を人類の原罪を背負った崇高な死」とし、「神の子」としてのイエスを救世主と認める者は「人種、階級、性別」に関わりなく救われるという教理を提示することで、世界宗教としてのキリスト教の道を拓いたのである。

キリストの再臨を「待つ心」は、今日も世界政治を突き動かしている。米国の人口の二五％を超すとされる福音派プロテスタントが前大統領トランプを支持した理由が「イスラエル支持、米国大使館のエルサレム移転支持」であり、そこには「キリスト再臨の地がイスラム化していてはならない」という潜在心理が働いているのだという。二〇二〇年の米大統領選挙で、白人プロテスタントの約七割がトランプに投票したという（出口調査）。この「アメリカの分断」をもたらしている要因を考える時、宗教という要素の重さを思わざるをえない。

二〇〇〇年前にイエスを磔にする十字架が立てられた場には、「聖墳墓教会」が建てられている。ローマ皇帝コンスタンティヌスの母ヘレナが三二六年に建てたという。この教会に足を踏み入れて「キリストの墓」を見つめた時、複雑な思いに駆られた記憶がある。一番驚いたのは、この小さな教会が宗派ごとに区分けされ、分断統治されていたことであった。ローマ・カトリック、そしてギリシャ正教、エチオピア正教、アルメニア正教、コプト正教、シリア正教と、正教系の各派はそれぞれがイエスにまつわる聖なる遺物を掲げていた。もちろん、プロテスタント系の教会は入っていない。人間社会の宿業なのか、愛を語り続けて死んだイエスの聖地だというのに、分派の偏狭な自己主張による「分断」の根深さに当惑したものである。

プロローグ2　高野山・奥の院への道——そして本居宣長の鈴屋での黙考

奥の院への道は現世を超越した異次元のたたずまいであった。四国八十八カ所を回ってきた「お遍路さん」が、今日現在も空海・弘法大師が生きて行を積んでいるとされる奥の院への道を、巡礼の最後の行程として思いを込めて歩いている。道の両側には、織田信長や明智光秀など俗世界の評価を超えた人物の墓などもあり、禅の研究者であった鈴木大拙の分骨された墓も脇道にひっそりと存在していた。夫人が真言密教の研究者だったこともあり、大拙の遺言で分骨されたのだという。

大拙と空海は、時代背景は違うが、それぞれ海外に展開し、異国で価値基軸を練磨した人物として敬意を抱いてきた。私の大拙理解の論稿(「鈴木大拙が戦後日本人に語りかけたもの——禅の精神と「世界人としての日本人」」)はこの本にも収録している。空海については、二〇〇七年夏、毎日新聞主催の高野山夏季大学で「現代を生きる空海」を語る機会を得て、空海に関する文献を読み漁り、私なりの空海理解を試みた。空海は真言密教の最高位を極め、その真髄を唐から持ち帰っただけでなく、薬学・医学・土木工学などの技術導入の道を拓いた文理融合の天才である。その立体曼荼羅に象徴される、宇宙観ともいえる視界の大きさは、世俗世界の権力をも相対化させる仏教者の知力を示した。

二〇一一年三月一一日、あの東日本大震災を私は東海道新幹線の中で迎え、車両の中に六時間も閉じ込められる体験をした。不思議なことにカバンの中に、親鸞に関する本を三冊入れていた。その年の五月、東本願寺での「親鸞聖人七五〇回御遠忌讃仰講演会」で講演者の一人として親鸞理解を語ることになっていたからである。親鸞についての文献を読みながら、不思議なほど落ち着いた時間を過ごした。被災の瞬間から、車内の空気は変わっていった。水や乾パンが配られる中で、生きるために誰もが協力し合わねばならなくなり、人間関係が差別や区別のないフラットな状態になった。その時、私は親鸞の「善人なおもて往生を遂ぐ、いわんや悪人をや」という絶対平等主義が少しわかるような気がした。愚禿《ぐとく》親鸞と言い続けた親鸞の目線は低く、柔らかく、日本仏教を真に民衆のものにした。

縁は重なり、二〇二〇年六月、コロナ禍の苦闘の中、杉並の立正佼成会の大聖堂からリモート配信で、日本人の精神性における日蓮の意味を語る機会を得た。また、同じ日蓮と法華経に帰依する創価学会の中核を担う人たちとも日本の針路を議論する機会が増えてきた。「われ日本の柱とならん」と語り、鎌倉幕府の弾圧にも屈することのなかった日蓮は熱く、「法華経」の教理を貫いた。私自身は仏教者というには程遠い俗世を生きる人間だが、一枚一枚薄紙を剝ぐように、日本仏教の創造性が理解できるようになっていった。原点にある釈尊の仏教と日本に伝わった大乗仏教は違う。

釈尊の仏教は人間の内奥の苦悩を解脱するための内なる思索の深化であり、大乗仏教は多くの人々を救う「衆生救済」の仏教である。聖書、コーランのような絶対的教典を持つ中東一神教とは異なり、釈尊の弟子たちが自らの宗教者としての新たな思想を次々と「加上」してきたところに仏教の進化があるといえる。

国学の起点たる本居宣長理解を深めるために三重県松阪市を訪れ、宣長が三十数年間にわたり沈思黙考して『古事記伝』に立ち向かった書斎である「鈴屋」に座らせてもらった。日本なるものの古層に心通わせ、幕府の正学とされていた儒学や日本人の精神性に深く根付いていた仏教が主潮の時代状況において、「からごころからやまとごころへ」という宣長の志向は、むしろ現世的権威の呪縛からの解放にあった。後に排他的国粋主義に利用される宣長であるが、私には真摯で柔軟な知性が感じ取れた。印象深かったのは、宣長が五七歳の時に手に入れたという「地球一覧図」(天明六年、大阪書林製)、つまり世界地図が本居宣長記念館に展示してあったことである。宣長は地球が丸いことも、日本が「極東」の島国であることも知っており、偏狭な排外主義者ではなかった。

こうした思考を辿る中で芽生えてきたのが「世界宗教史の中での日本の神道」の意味への問いである。いかなる国・地域にも民族宗教は存在する。ユダヤ教という民族宗教からキリスト教、イスラム教といった民族や国境を超えた世界宗教が展開していく例もある。「日本人の心の基軸」を追い求めるうちに、この本の基となった雑誌『世界』での連載において、神道とは何か、そして伝来した仏教との関係における「神仏習合」とは何かを考察する論稿を重ねた。

それは、日本人として見失ってはならない視界として、神社神道と国家神道は違うということを再確認するプロセスであった。多くの日本人の心には故郷の自然と同化し家族との触れ合いの記憶とともに「故郷の神社」や「氏神様」が存在している。私自身、故郷札幌の「北海道神宮」は、祭りや両親の思い出とともに、常に心にあるといえる。

さらに、高田好胤師以来の縁により、薬師寺の「まほろば塾」での講演の機会を得るうちに、仏教、神道、儒教と日本人の心の基軸を形成してきたものを俯瞰し、その相関性が視界に入るようになってきた。そして、あらためて薬師寺を建立した七世紀末の天武・持統期が日本精神史に持った意味がわかりかけてきた。「倭」ではなく「日本」という国号、「大王」ではなく「天皇」という呼称が確立したのも、古事記、日本書紀という国史の編纂が動き出したのも、朝鮮半島での「白村江の戦い」(六六三年)に敗れ、古代史最大の内乱とされる「壬申の乱」(六七二年)の混乱を収めた後の、本格的な「律令体制確立」を目指した天武・持統期を起点としており、その後の「神仏習合」の経緯を辿ることで、日本人の心の基軸の深層が確認できることに気づいた。世界宗教史への私自身の探求の旅は、日本人の心の基軸を考えるものになっていった。

プロローグ3　バベルの塔とニューヨーク摩天楼——そして日本近代史への想い

イラクのバグダッドの郊外にある「バベルの塔」の跡という遺跡を訪ねたことがある。旧約聖書に登場するバベルの塔については、一六世紀の画家ブリューゲルの絵画(ウィーン美術史美術館、ロッテルダム・ブーニンゲン美術館所蔵)のイメージが強いが、最近の研究では「古代メソポタミアの都市国家に築かれた「ジッグラト」と呼ばれた山型の神殿を素材とする神話」とされ、これまでに三〇カ所ほど同じような遺跡が見つかっており、約六五〜九〇mの土をレンガ状に積み上げた塔である。さまざまな巨大遺跡を見てきた私の印象では、「意外に小さいな」というものだったが、五六〇kmもあるバグダッドからチグリス・ユーフラテス河口までは、標高差わずか一〇mという平原が続いており、古代史の環境では「どこからでも見える極端に高い建造物」に見えたであろう。

旧約聖書・創世記一一章にバベルの塔が登場する。バビロニアに移り住んだノアの子孫たちは「いざ邑《まち》と塔とを建て其塔の頂きを天に至らしめん」、そして、我らの名を高め全地に散らばらないようにしよう、とした。だが、神(ヤハウェ)は人間の驕りを戒め、「一つの民、一つの言葉」で人間が結束しないように、言葉を乱し、人間を各地に分散させたというのである。

人間の天を目指す志向は止まることはない。中世欧州における教会の尖塔、そして私自身が四年間も通勤の途上に見上げたニューヨークの摩天楼、さらに東京タワー、スカイツリーと高みを目指す試みは続いている。だが、冷ややかに言えば、人間の営みなど限られたものである。何度かマンハッタンの真上を航空機で飛び、摩天楼のビル群を見つめたことがあるが、超高層の建造物も地べたに張り付いたマッチ箱にすぎないことに幻惑された思いがある。人間社会の営為の可能性と限界、それこそがバベルの塔のメッセージである。

「バベルの塔」の寓話は、日本近代史を再考する上でも示唆的である。間もなく一八六七年の明治維新から一六〇年になろうとしている。明治維新から一九四五年の敗戦までが約八〇年間、そして今、敗戦から約八〇年が経過しようとしている。そして、この戦前期の八〇年と戦後期の八〇年間とが、ともに二〇〇〇年に及ぶ日本人の精神史において、それぞれきわめて特異な時代であったことに気づかざるをえない。

明治維新は「尊王攘夷」を討幕のエネルギーとしたことを受け、天皇親政の神道国家を造ろうとしてスタートした。宗教性の高い体制を志向したのである。だが、欧米列強と伍していくためには「近代国家」としての体制を整えざるをえないことに気づき、内閣制度・議会制度の実現、憲法発布など、所謂「明治近代化」が進められた。政治権力と神道の権威を一体化させた国家神道を封印して埋め込み、その上に近代国家としての装置を載せた体制の危うさが昭和ファシズムを誘発し、昭和一〇年代に入り、国際的孤立の中で「天皇機関説批判」「二・二六事件」「統帥権干犯問題」「国家総動員体制」となって、戦争への道に迷い込んだといえる。その国家神道幻想は敗戦という形で挫折していった。

戦後なる日本は、極端なまでに政治権力と一体化した宗教の時代への反動もあり、ひたすら「経済の復興・成長」を最優先する「宗教なき時代」を造り出すことになった。宗教などなくても、「繁栄を実現すれば平和と幸福はついてくる」というのが、ＰＨＰ(Peace and Happiness through Prosperity)の思想であり、「経営の神様」として戦後日本人の尊敬を集めた松下幸之助の主張である。これに多くの戦後日本人が共鳴し、「宗教」にも近い思い込みとなっていった。

工業生産力に基づく通商国家モデルの優等生の道をひた走った日本は、一九九四年には世界GDPの一七・九％を占める国（敗戦後五年の一九五〇年は世界GDPの三・〇％）へと躍進した。だが、二〇二〇年、この世界GDPに占める日本の比重は、実に六・〇％にまで下落、日本の埋没は否定しがたい現実となっている。経済主義を追求してきた者にとって、経済における埋没は、すべてを失うほどの喪失感をもたらしているといえる。

そして、そこに新型コロナウイルスが襲いかかった。パンデミックは、他者の細胞に寄生するウイルスの存在を意識させる中で、「生命の意味」を考えさせる機会となった。そして、命の危機が迫る不安・恐怖心の中で、人間の心を支えるものとしてのレジリエンス（心の耐久力、回復力）が問われることになった。経済に専心して築きあげたもの、つまり戦後日本の築いたバベルの塔は意外なほど脆く崩れ去ったようにもみえる。あらためて、日本人の心の基軸の再構築が求められている。

さて、三つのプロローグを語ることで、私自身の宗教との接点を想い起こしてきた。つまり、この本は「人間とは何か」、「日本人とは何か」、そして「自分とは何か」を問う道程を、自分の目で見てきた世界の宗教シーンを照射しながら体系化しようという体験的宗教論である。途方もない試みであるが、世界認識をより深くするための知の再構築の素材としたい。

日本人にとって最も人気のある仏教経典ともいえる「般若心経」は何を説いているのか。観自在菩薩、つまり観音様が、「般若波羅蜜多」、完全なる叡智を求めて行を深めた時ということから般若心経は始まる。この完全なる叡智こそ「全体知」を志向することである。この本における「人間と宗教、あるいは日本人の心の基軸」を問いかける私の試みも、まさに「お釈迦様の掌」を動き回るにすぎない営為かもしれないが、戦後なる日本を生きた人間として、全体知を求める努力は続けていきたい。この本は、そのための文献研究とフィールドワークのマイルストーンである。

＊各節末（　）内の数字は、論稿初出の雑誌『世界』掲載号を示す。

目次

I

人類史における宗教

――ビッグ・ヒストリーの誘い――

社会科学が社会科学として自己完結できる時代ではない。とくに、歴史に関する認識は二一世紀に入っての宇宙科学、生命科学、人類学などの進化によって、従来の議論の前提が突き崩されており、新しい研究成果の吸収が不可欠である。

岩波書店『世界』誌における「脳力のレッスン」連載内の連載「一七世紀オランダからの視界」を通じて、近代なるものを問い続けてきた。「資本主義」「デモクラシー」「科学技術」が近代を凝縮した要素であるとすれば、その揺籃期としての一七世紀オランダを注視し、大航海を経て長崎の出島を訪れていたオランダ東インド会社と向き合った江戸期日本を探求し、さらにオランダを取り巻く近世から近代へと動く欧州の地政学、そしてユーラシア大陸全域の時代状況を掘り下げ、視界を広げてきた。この世界認識の再構築とでもいうべき試みの収斂に向けて、大きく深呼吸し、より広く深い視界からの考察を加えておきたい。

ビッグ・ヒストリーにおける人類史

ビッグ・ヒストリーという刺激

「ビッグ・ヒストリー」という視界がある。その集約とも思える作品がウォルター・アルバレスの『ありえない一三八億年史』(光文社、二〇一八年、原題 "A Most Improbable Journey: A Big History of Our Planet and Ourselves" 2016)である。一三八億年前の宇宙誕生から三八億年前の生命誕生、そして八〇〇万年前の人類誕生という「宇宙―生命―人類」とつながる途方もない時間の中で歴史を再認識しようという視座で、「全体知の中で考える」という意味で重要である。著者は、恐竜絶滅の謎を六六〇〇万年前の「隕石衝突」によって解明した地球科学者だが、地球と生命の歴史を探究してきた専門家の視界に「人間という種の特徴」に対する問題意識が芽生え、結局人間が産み出したものを「言語、火、道具」に凝縮して考察しているのが印象深い。また、歴史における「連続と偶然」へと思考が向かい、とくに「偶然」が歴史の転換をもたらしたことを重視している。

また、ビッグ・ヒストリーの教科書ともいえる大冊がデヴィッド・クリスチャン他『ビッグヒストリー』(明石書店、二〇一六年、原題"Big History: Between Nothing and Everything" 2013)である。「国際ビッグ・ヒストリー学会」が設立され、ビル・ゲイツなどの支援を受けた研究プロジェクトの成果ともいえる作品であり、この本を貫くキーワードが「スレッショルド」(threshold)である。「大転換」とでも訳されるべき言葉で、超長期の歴史の節目に起こる「パラダイム転換」をこの言葉に凝縮し、①ビッグバンと宇宙誕生 ②銀河と恒星の起源 ③化学元素の生成 ④太陽系、地球の誕生 ⑤生命の誕生 ⑥人類誕生と旧石器時代 ⑦農耕時代 ⑧モダニティ(現代性)への転換、という八回の「大転換」が起こったとの認識を示している。我々が生きる「モダニティ」(近現代)なる約四〇〇年が「瞬き」にも近い短い時間であることに幻惑を覚える。

二〇一八年五月、ロンドンの書店で、イアン・クロフトン他の"The Little Book of Big History: The Story of Life, the Universe and Everything"(二〇一六年)という分厚い新書本サイズの本を見つけた。ビッグ・ヒストリーのコンパクト版で、科学史研究家が高校生向けに「宇宙、生命、人類、文明、近現代」を貫く視界を語っている。ビッグ・ヒストリー的思考がすでに教養教育の基盤になってきていることを示す素材である。「文理融合」といわれるが、そのカリキュラムの支柱はビッグ・ヒストリーであろう。また、白尾元理・写真、清川昌一・解説『地球全史――写真が語る四六億年の奇跡』(岩波書店、二〇一二年)は、地球科学の立場で太陽系と地球が微粒子の濃集によって誕生してからの人類の誕生と進化の痕跡を追った写真・解説集であり、想像力をかき立てられる。

ヒトゲノム解読の衝撃

ビッグ・ヒストリーなるアプローチが説得力をもつ背景には、二一世紀の生命科学の驚くべき進歩がある。歴史学は社会科学に基盤を置くが、科学技術が歴史の闇に強烈な光を投げかけており、我々は世界認識の根本を組み立て直さねばならないほどの突き上げを受けている。二〇〇三年には米国立ヒトゲノム研究所の「人類の起源解明プロジェクト」によってヒトゲノムの解読が終わった。驚くべきことに、ヒトとチンパンジーのＤＮＡの差は約二・三万の遺伝子のうちわずか一・二％、個体差を調整すると一・〇六％にすぎない、というのである。

ビッグ・ヒストリー的視界に学ぶべきはモダニティ（近現代性）の相対化にある。つまり、思いきり長い時間軸の中で、我々が当然だと思い込んできた価値や認識を再考せざるをえない。我々は「人間中心主義」の近現代を生き、人間の個の価値を解放する志向を強める中で、いつしか人間があらゆる生物に優越するという認識を深めた。誰もが「人間はサルよりは優れている」と考えがちだが、本質的に動物としての差は少なく、京都大学松沢哲郎研究室のチンパンジー研究報告が検証しているが、チンパンジーが野生の中で身につけた「食欲・生存欲求に結び付く写実的記憶力」（ジャングルで木の実を瞬時に画像認識し、突進する能力）は人間より高いのではないかとさえいわれている。一・〇六％の差とは、言語に影響を与える遺伝子（ＦＯＸＰ２）の発見により、「言語・意思疎通に関わる能力」であるらしい。人間が人間である理由は言葉で知識を伝え学んだことを記録・記憶し世代を超えて伝承しうることだ。T・ズデンドルフ著『現実を生きるサル　空想を語るヒト』（白揚社、二〇一四年、原題 "The Gap" 2013）は「ヒトは生きる意味と歴史（過去、未来）を問いかける存在」と指摘する。確かに、人間は社会性の中で自らの存在の意味を問い続ける「情報食動物」といえる。

大型類人猿オランウータン、ゴリラ、チンパンジーの脳の容量は三〇〇～四〇〇g、ヒトの脳は一・二五～一・五kgという。ヒトは直立歩行によって「道具を使う手」を獲得し、脳を発達させたとされる。一九七三年にエチオピアで発見され、ルーシーと名付けられた化石人骨は約三二〇万年前のもので、直立歩行の痕跡を残すが、脳の容量はチンパンジー並みであった。約五〇〇万～四〇〇万年前にヒトがチンパンジーから分離して猿人が登場したとされるが、ヒトの染色体は四六本、チンパンジーは四八本で、「非コード領域における突然変異」がもたらされたとされる。精神科医ウィルソン『手の五〇〇万年史』（新評論、二〇〇五年、原書一九九八年）が「手と脳と言語の結びつき」を指摘するごとく、「二足歩行と器用な指先」によって、森から草原へと出て雑食で生きる環境適応力を手に入れたことが人類の進化の原点であろう。「人間は天から降りた天使と思いたがるが実は木から落ちたサルにすぎない」というジョークもあるが、木から降りて直立することが重要だったのだ。

人類のグレート・ジャーニーへの新たな発見

そして約二〇万年前、我々の先祖ホモ・サピエンス、新人がアフリカに登場する。南東部、大地溝帯の大量降雨で巨大な森が形成され、生命の温床になったためとされる。我々人類の起源はアフリカなのだ。ホモ・サピエンスのアフリカ大陸からユーラシア大陸への移動が始まったのが約六万年前といわれる。地球最終氷期の最盛期が一・二万年前とされるから、寒冷期にユーラシアへの旅に出たことになる。この旅は、ユーラシア全域、アメリカ大陸へと地球全域に移動と分散を続ける、まさに「グレート・ジャーニー」であった。その意味で人類は本来的にグローバルな存在なのだ。現生人類のアフリカ単一起源説が検証される中、人類史の専門家から「我々はすべてアフリカ人だ」という表現が聞かれるようになった。本質に迫る認識である。

グレート・ジャーニーという言葉は、英国の考古学者フェイガンが使い始めたものだが、日本の国立科学博物館も二〇一三年春、「グレート・ジャーニー 人類の旅」という特別展で、人類の足跡を追っていた。足跡を探る方法が遺伝子情報の解析であり、世代を超えて組み替えることのできない二つのDNA、母方からのミトコンドリアDNAと男性だけが持つY染色体情報のつながりから種相互の関係性を検証するのである。

最近の研究で、人類の「出アフリカ」は少なくとも二度起こったとされ、第一期は一八〇万年前に登場したホモ・エルガステルによる移動で、約一七〇万年前に始まり欧州に入った系統がネアンデルタール人へと進化したという。第二期が六万年前に始まったホモ・サピエンスのユーラシアへの移動で、そのルートについて興味深い事実が検証されている。これまでの常識的な見方は、サハラ砂漠を越え陸続きのシナイ半島からパレスチナへ向かう経路だが、もう一つ、現エチオピアからアラビア半島南東端経由、アデン湾沿いに北行し、ホルムズ海峡を越えて現イラン方面に動くルートもあったという。地球寒冷期で、海水面が現在より九〇m後退していたため移動可能だったのだ。

二〇一〇年にネアンデルタール人のゲノム配列が解析され、ホモ・サピエンスの子孫たる我々にも約二%、ネアンデルタール人のDNAが混在していることが証明された。つまり、両者は交配したのである。これまでのホモ・サピエンスによるネアンデルタール人の駆逐説を覆す衝撃であった。

追記：ネアンデルタール人についての研究は近年大いに進んでおり、たとえばスヴァンテ・ペーボの『ネアンデルタール人は私たちと交配した』(文藝春秋社、二〇一五年、原書二〇一四年)などがある。

二〇一八年五月一三日放映のNHKスペシャル『人類誕生 第二集』は、ここ数年の人類の足跡化石の発掘調査を取材した興味深い映像で、「ホモ・サピエンスとネアンデルタール人が近接して共存していたパレスチナの遺跡」の紹介をはじめ、何故ホモ・サピエンスが生き延び、ネアンデルタール人が絶滅したのかを考察する上で示唆的であった。

脳の容量ではネアンデルタール人の方が大きかったにもかかわらず、結局ホモ・サピエンスが生き延びた理由として集団性が指摘され、ネアンデルタール人が家族などの小集団で生活していたのに対して、ホモ・サピエンスは大集団で動いており、生き延びる知恵が集積されたという見方が紹介されていた。欧州各地の洞窟に、芸術性さえ感じさせる動物絵を残しているネアンデルタール人であるが、コミュニティの先行モデルとでもいうべき集団性において、ホモ・サピエンスの環境適応力には敵わなかったのであろう。このグレート・ジャーニー、移動が人類を環境適応生物として進化させたことは間違いない。北方に移動した人類は、トナカイ、セイウチ、鮭を食べて生き延びる知恵を身につけていった。進化のカギは環境変化に向き合い「驚きを覚え、克服する力」だった。ユーラシアを移動したホモ・サピエンスが「定住」を始めたのが約一万年前頃だったという。定住は農耕文明の始まりを意味し、そこから地域史が始まった。こうした過程を視界に入れる時、「命のつながり」について想像力を掻き立てられる。どんな人にも父母がいて、その父母にもそれぞれ父母がいると考えていけば、わずか一〇世代前(約二五〇年前にすぎない)の二〇四六人の血が自分に繋がっていることに気づく。二〇世代前からだと実に二〇九・七万人になり、進化遺伝学者ラザフォードが語る「我々はエジプト国王の子孫であり、孔子の子孫である」(『ゲノムが語る人類全史』文藝春秋社、二〇一七年)という言葉が誇張ではないことを知る。

ホモ・サピエンスが日本列島に到達したのは三・六万年前とされる。日本列島は、一九〇〇万～一六〇〇万年前に太平洋プレートの沈み込みによる地殻変動によって大陸から分離されたが、約二万年前まで地球寒冷期の日本列島(ヤポネシア)の海岸線はユーラシア大陸と陸続きといえるほど近接しており、ホモ・サピエンスが到達した頃には大陸と繋がっていたという。

近年、国立遺伝学研究所などによるDNA解析で日本人のルーツも科学的に検証され始めている。グレート・ジャーニーに思いを馳せる時、「純粋日本人などはいない」との認識が深まってくる。我々の世界観の根底に置くべき認識である。

(2018・7)

グローバル・ヒストリーへの入口を探って

大英博物館の付近には何軒ものアンティーク店がある。私のロンドン訪問も一九七五年以来、四〇回を超すが、楽しみの一つが、これらの店を覗くことで、これまでも興味深い古地図や中国の青銅板などを手に入れてきた。中でも特に気に入っているのが「シュメルの粘土板」で、小さな粘土板なのだが、そこに書かれた「シュメル文字」は人類最古の文字で、アルファベットの原型ともいわれる。正確にいえば、私が手に入れたのは、ウル第三王朝期(BC二一一二〜BC二〇〇四年)の粘土板で、「王と元号」が書かれているという。約四一〇〇年前の文字を見つめると、人類史への想像力をかき立てられる。人類の足跡が「文字」という形で残される段階以前の「先史時代」に関し、生命科学などの進化が、DNA解析という形での科学的な光を当て始めており、アフリカを起源とする人類のユーラシア大陸への「グレート・ジャーニー」については、前節で触れたごとく検証が進んでいる。六万年前にアフリカを出たホモ・サピエンスが、その後どう生き抜いたのか、私たちとは何者なのかを確認する思考を深めておきたい。

定住革命——移動が常態だった人類史

現代人の固定観念というべきか、「狩猟採集社会から農耕社会へ」と人類は「進化」したと考え、定住があたりまえで、そうでない人間は「放浪者」「難民」「フーテン」、つまりおちつかない、怪しい存在と否定的に捉えがちである。定住を常態とする感覚からすれば、ユーラシア大陸を移動し続けたホモ・サピエンスの動きは不思議に思えるが、「移動」や「遊動」は人間の本質に関わる要素で、それを通じて人間は進化したといえる。

イスラエルのヘブライ大学の歴史学者のY・N・ハラリは、世界的なベストセラーとなった『サピエンス全史——文明の構造と人類の幸福』（河出書房新社、二〇一六年、原書二〇一一年）において、「サピエンスは、種のほぼ全歴史を通じて狩猟採集民だった。過去二〇〇年間は、しだいに多くのサピエンスが都市労働者やオフィスワーカーとして日々の糧を手に入れるようになったし、それ以前の一万年間は、ほとんどのサピエンスが農耕を行なったり動物を飼育したりして暮らしていた。だが、こうした年月は、私たちの祖先が狩猟と採集をして過ごした厖大な時間と比べれば、ほんの一瞬にすぎない」と述べるが、長い時間軸の中で「人類とは何か」を捉える構造的見方だと思う。

前節に述べたが、ヒトとチンパンジーのDNAの差は、個体差を考慮すればわずか一・〇六％にすぎない。その一・〇六％の差が、言語や意思疎通に関わるものらしいことが最新の研究でわかりかけているが、まさにアフリカに生まれたホモ・サピエンスが、ハラリの表現を借りれば「知恵の木の突然変異」で「認知革命」を起こした。つまり、遺伝子の突然変異で「思考と言語」を覚え、意思疎通を拡充し始めた。その認知革命を経た「賢いサル」が突き動かされるように、ユーラシアへと動き、約五万年間にわたり、狩猟・採集をしながら移動と遊動を続けた。そして、新しい環境に適応する行動を通じて、さらに賢くなっていったといえる。

心理学者のT・ズデンドルフは、『現実を生きるサル　空想を語るヒト』において、動物と人間の違いを鋭く対比分析し、「ヒトは生きる意味と歴史(過去、未来)を問いかける存在」へと進化してきたという。人類は、そうした問いかけと思考を通じて、その産物としての「巨大な虚構」たる社会制度と規範を思いつく知を身につけたのである。

定住までの移動の時代は地球寒冷期であった。農耕と定住の時代を迎えるには、「温暖化」という要素も大きかったと思われる。生態人類学者・西田正規の『人類史のなかの定住革命』(講談社学術文庫、二〇〇七年、原本は『定住革命——遊動と定住の人類史』新曜社、一九八六年)は、それまでの「農耕栽培の結果として定住を捉える」定説を覆す作品であった。ホモ・サピエンス史に関して、アフリカ単一起源説やユーラシアへの「出アフリカ」が検証される以前の段階で、西田は人類の移動や遊動の積極的な意味を体系的に考察しており、とくに遊動の動機についての社会的側面の解明は説得的であった。つまり、「キャンプ成員間の不和の解消」や「他の集団との緊張から逃れるため」という動機が人類を遊動させた要素の一つというものだが、「不快なものには近づかない」とか「危険であれば逃げていく」という本能が人類を突き動かしたという見方は、腑に落ちるものがある。厄介な物にはあえて向き合わないというのが災いを避ける知恵だったというのである。

追記：定住革命について新たな視界をもたらす研究として、ジェームズ・C・スコットの『反穀物の人類史――国家誕生のディープヒストリー』（みすず書房、二〇一九年、原書二〇一七年）がある。定住が進化だったのではなく、豊かな採集生活を謳歌していた人類が「古代国家に家畜化された」過程として捉えており、興味深い。

移動と交流がもたらした進歩と創造

約一万年前の定住革命によって、人類が失ったものと得たものを冷静に認識する必要がある。約言すれば、移動が人類を賢くし、定住が人類に帰属社会に生きる忍耐と調和を教えたのである。定住によって、民族という意識が芽生え、言語、宗教が生まれ、国家など社会制度が起動し始めた。虚構といってしまえば確かに虚構なのだが、秩序のための社会制度・規範が生まれた。その虚構を守るために、人間という動物だけが、同一種の中で、仲間を生存欲求（食と性）以外の理由で殺戮する唯一の存在になってしまった。

『世界』誌の連載「一七世紀オランダからの視界」を通じて確認してきたことの一つが、移動と交流による刺激が人間の進歩を促し、文化の創造を触発してきたという事実である。たとえば、日本文化の象徴とも思われる江戸期の浮世絵も、実は当時の国際交流を投影し、オランダの銅版画と中国の木版画の技術が触発したものであった。

移動と交流がもたらす刺激を考える時、直近の日本人の気がかりな「内向」に触れておきたい。二〇一七年の訪日外国人は二八六九万人で、二〇〇〇年の四七六万人に比べ、二一世紀に入って五倍以上も増加した。その一方で、日本人出国者は二〇一七年に一七八九万人と、二〇〇〇年の一七八二万人から横這いである。海外留学も含め、世界を体験し、見つめる日本人は全く増えていない。グローバル化などと言われるが、日本人の視界はむしろ内向しているのである。

追記：二〇二〇年、コロナ危機により訪日外国人は四一二万人、日本人出国者は三一七万人と激減、鎖国状態に戻った。

シュメル神話の衝撃——最古の都市文明

人類が「定住革命」に踏み込んで約五〇〇〇年が経過したころ、歴史は「沈黙の帳《とばり》」の中から、その輪郭を目に見える形で示し始める。文字の登場であり、その先駆けがシュメルであった。

現在のイラク南部、チグリス・ユーフラテス川の河口近くの低地が、かつてシュメルといわれた地域である。大河に運ばれた泥土で覆われた地域で、「泥土」が母なる大地であった。この地に約五五〇〇〜四〇〇〇年前に存在したのが人類最初の都市文明たるシュメル文明であった。

シュメルについての研究が進んだのは、比較的近年に入ってからのことで、特に、第一次大戦が終わって、オスマン帝国が滅亡して中東に欧州が踏み込んで以降のことであった。それまで古代史はギリシャ・ローマ中心であったが、一九二〇年代になってシュメル遺跡発掘が始まった。大英博物館が一九二二年から考古学者C・L・ウーリーの指揮でウル市の発掘を開始、一九二九年にBC三五〇〇年頃の洪水層を発見した。まだ一〇〇年足らずの研究なのである。

三笠宮崇仁親王の『文明のあけぼの――古代オリエントの世界』(集英社、二〇〇二年)は、一九六七年に『大世界史〈1〉ここに歴史はじまる』として文藝春秋社から刊行されたものの改訂版で、日本で「シュメル」が一般に語られた先駆けであろう。一九八〇年代、私が中東での情報活動に動いていた頃、日本では稀少な古代オリエントに関する書物であり、味読したものである。この中で、三笠宮は『旧約聖書』における「創造神話」や「ノアの方舟の洪水神話」の原型がシュメル神話にあることを指摘し、しかもそれが伝承ではなく、粘土板に文字で書かれた物語として残されていることに言及していた。シュメル文字の粘土板に興味を抱いたきっかけは三笠宮の書であった。

今世紀に入ってシュメルへの関心も高まり、小林登志子『シュメル――人類最古の文明』(中公新書、二〇〇五年)、岡田明子・小林登志子『シュメル神話の世界――粘土板に刻まれた最古のロマン』(同、二〇〇八年)などコンパクトな好著が登場し、また『シュメール神話集成』(杉勇・尾崎亨訳、ちくま学芸文庫、二〇一五年)や『世界最古の物語――バビロニア・ハッティ・カナアン』(Th・H・ガスター著、矢島文夫訳、東洋文庫、二〇一七年、原書一九五二年)など、翻訳本も入手が容易となった。

人類が生み出した文字としては、中国の甲骨文字が思い出される。中国の古代王朝殷(BC一六〇〇頃~BC一〇四六年)の時代に、亀の甲羅や牛の肩甲骨を火に炙り、ひび割れの形状で吉凶を占った文字が甲骨文字だが、シュメルの楔形文字は、その一〇〇〇年以上も前に登場しているのだ。突然発明されたものではなく、絵文字から次第に変化したもので、楔形文字にも地域差・時間差があるようだが、文字を使った物語（神話）が残されていることが重要なのである。

豊穣な神話を生み出した風土

キリストの誕生の三〇〇〇年前の最古の文字で書かれたシュメル神話において、興味深いのが「人間は何故つくられたか」という創世神話である。なんと、シュメル神話では、シュメルの神々が増えたので、「神々は食物を得るために働かねばならなかった」という。そこで、知恵の神エンキ神の母たるナンム女神が、息子に「神々がつらい仕事から解放されるように身代わりをつくりなさい」と命じたことから、粘土から人間が造られたのだという。中東一神教における絶対神による天地創造とは趣を異にする創世神話である。

よく知られているシュメル神話が「ギルガメシュ神話」で、典型的な英雄譚である。ギルガメシュは、三分の二は神、三分の一は人間という存在で、ウルク市を支配する暴君であった。暴虐なギルガメシュを抑えるために遣わされた野人エンキドゥと死闘を経て和解、彼を友として、「杉の森」へと遠征し、魔力を持つ森の番人フンババを倒す。さらに、物語はイシュタル女神の求愛を拒絶したギルガメシュに、女神が逆上して送り込んだ「天牛」の征伐、友人エンキドゥの死、さらに不死を求める旅へと展開する。

シュメル神話には、実にさまざまな神が登場し、今日の中東が一神教たるユダヤ、キリスト、イスラムの地となっているのとは異なり、多神教の地であったことがわかる。都市国家ごとに、日本の氏神のごとく地域神が存在し、しかも政治的統治者でもあったようだ。

神話は何かを表象しているわけで、日本の神話におけるスサノオによるヤマタノオロチ退治にも共通するメッセージを感じる。ギルガメシュによる「杉の森」の番人フンババ征伐も、人知による自然への挑戦を象徴するように思われる。ギルガメシュ神話に登場するのが大洪水伝説だが、メソポタミアの宿命というべきか、大河の河口にある低地帯を繰り返し襲った大洪水が、この地に住み着いた人たちの世界観に「人知を超えた神の怒り」としての大洪水という認識を生み出し、それが旧約聖書において一神教によって修正され、「絶対神による堕落した人間への懲罰」としての大洪水と「ノアの方舟」伝説になっていくのである。

プロローグでも触れたが、旧約聖書に登場する「バベルの塔」といわれるものは、古代メソポタミアの都市国家に築かれた「ジッグラト」と呼ばれた山型の神殿を物語の素材としており、同類の遺跡が約三〇カ所発見されている。一九八〇年代、バグダッド訪問時にバベルの塔の遺跡といわれる場所に案内された。バベルの塔の高さは六五mから九〇m程度だったといわれるが、ユーフラテス河口からバグダッドまで約五六〇㎞の標高差わずかに一〇m足らずという、極端に平坦な土地においては、天にも届くような建造物に見えたであろう。

神話と風土の相関性に興味を惹かれる。シュメル神話に何を見るか。原初の文字で書かれた世界に、定住後の人類の苦闘とその課題がすでに描き出されていると思われる。（２０１８・９）

アイスマンの衝撃

西欧世界における古代史はギリシャ・ローマに始まる。それ以前の歴史は考古学の対象であり、約二・七万年前とされる後期旧石器時代のラスコーに代表されるクロマニヨン人による優れた洞窟壁画や約五〇〇〇年から三五〇〇年前と推定されるストーンヘンジなどの巨石文化に至る多くの遺跡が欧州各地に存在するが、検証可能な「歴史」はギリシャ・ローマに始まるのである。

ギリシャの歴史家ヘロドトス（BC四九〇年頃生まれ、BC四二五年頃死去と推定）が「歴史の父」といわれる理由は、その作品『歴史』全九巻（松平千秋訳、岩波文庫）によって、過去の出来事を詩歌ではなく実証的学問としたことによる。つまり、ペルシャ戦争を歴史として見つめ直して文献化したのである。この書物の「序」は「人間界の出来事が時の移ろうとともに忘れ去られ、ギリシア人や異邦人《バルバロイ》の果した偉大な驚嘆すべき事蹟の数々――とりわけて両者がいかなる原因から戦いを交えるに至ったかの事情――も、やがて世の人に知られなくなるのを恐れて、自ら研究調査したところを書き述べたものである」という記述から始まる。西欧における、叙事詩ではない歴史はここから始まった。約二四五〇年前のことであった。

しかも、ギリシャ史が科学的に実証されたのは比較的近年のことである。ドイツの考古学者H・シュリーマン(一八二二～九〇年)が、ホメロスの物語が架空のものではないと信じて、ビジネスの成功で得た財を投入し、現トルコのヒッサリクの丘を発掘してトロイ文明が実在したことを証明したのは一八七三年であり、まだ一五〇年も経っていない。シュリーマンの自伝『古代への情熱』(新潮文庫、一九七七年、原書一八九二年)を読むと、ギリシャの栄光を実証した人物が、ドイツの田舎に育ち、ホメロスの世界を夢見たドイツ人だったことに感慨を覚える。

ルネサンスという呪縛——西欧史の宿命

西洋においては、古代ギリシャとローマに関する学問が「古典学」(classics)と呼ばれ、近代ヨーロッパにおいては、「古典学」の知識を有する人々が「教養ある社会的エリート」とされてきた。一八世紀の英国の歴史家エドワード・ギボン(一七三七～九四年)の『ローマ帝国衰亡史』は、今日に至るまで欧州の基本的教養書であり、その冒頭は「西暦第二世紀、ローマ帝国の版図は世界のほぼ大半を領し、もっとも開化した人類世界をその治下に収めていた」という言葉で始まるが、このローマについての憧憬にも近い認識が、西欧世界観の基盤だった。

ルネサンスといわれる一四～一六世紀の欧州に吹き荒れた文化運動は、「文芸復興」とされるごとく、ギリシャ・ローマの古代文化を理想とする人文主義運動で、近代に連なる欧州の潜在意識には、ギリシャ・ローマへの回帰という衝動が埋め込まれていた。我々、近現代を生きてきた人間は、「ルネサンスから近代的知性の幕が開かれた」という歴史観を受け止めてきたために、ギリシャ・ローマには暗黙の敬意を抱いてきたといえる。

たとえば、アレクサンドロス大王(BC三五六〜BC三二三年)は、ヘレニズム世界の栄光のシンボルとされる。アレクサンドロス大王(三世)は、正確にはギリシャの英雄というよりも、マケドニアの王(在位BC三三六〜BC三二三年)なのだが、ギリシャ、エジプトからペルシャ、インドの一部に至る広大なオリエント世界を制圧、ヘレニズム世界を形成したことで東西世界の接触・交流の起点となった存在とされてきた。

マケドニアは不思議な存在である。バルカン半島の中央に位置し、現在は「マケドニア旧ユーゴスラビア共和国」という奇妙な名前で国連に加盟する独立した共和国だが、一九四五〜九一年まではユーゴスラビア社会主義連邦共和国に帰属、かつてはアレクサンドロス大王のマケドニア王国の本拠地としてヘレニズム世界に君臨したが、ローマに敗れ、のちビザンツ帝国領、一四世紀末からはオスマン帝国領とされ、まさに歴史に翻弄されてきた。現在は、ギリシャとの微妙な国名をめぐる対立があり、前記の奇妙な国名になっている。ギリシャが、「後世六〜七世紀にかけて侵入したスラブ人主導の国となった現在のマケドニアが栄光の地名マケドニアを国名にするのはおかしい」と主張しているためである。

ルネサンスへのイスラムの貢献

欧州における異様なまでの「ローマの重み」を考えさせられるのが「神聖ローマ帝国」なる存在である。かのヴォルテールが「神聖でもなければ、ローマ的でもなければ、そもそも帝国でもない」と喝破したごとく、「ローマ・カトリックの権威の下での欧州を統治する皇帝」という「擬制としての神聖ローマ帝国」が、西欧社会に一〇世紀から一九世紀まで存続し続けた謎については、「ドイツ史の深層とオランダとの交錯」(『世界』二〇一六年四月号)として論じたが、ギリシャ、そしてローマ帝国への憧憬は欧州の地下水脈として流れ続けた。

そのギリシャとイタリアの今日的状況が「欧州のお荷物」といわれるほど、経済の低迷による悲惨な現実に直面していることについては、悲しみを禁じえない。かつての帝国の栄光の輝きが強いだけに、その影はあまりに黒く深いのである。

ところで、ルネサンスに関して、この連載を通じて私自身が学んだことであるが、あらためて確認しておきたいのは、「ルネサンスへのイスラムの貢献」という事実である。「オスマン帝国という視角からの世界史」(『世界』二〇一七年一月号)において論じたが、皮肉にも「イスラムこそがヘレニズム文明文化の継承者」であった。バグダッドを首都としてアラブ科学の黄金期を築いたアッバース朝(AD七五〇～一二五八年)が、ギリシャの哲学、文学、医学、地理、天文学、数学、化学などの文献をアラビア語に翻訳して保持したことで、欧州では消失していたギリシャ科学の文献のアラビア語からの再翻訳がルネサンスを触発したのである。イスラムがルネサンスを生み出す触媒になったのである。

ギリシャ史が歴史に登場するのが二八〇〇年前、BC八世紀にポリス形成、BC七世紀末にアテネの民主制、そしてスパルタとの抗争を経て、BC三三四年にマケドニアに征服され、前記のアレクサンドロス大王の登場となる。また、ローマ史といえば、BC七五三年ローマ建国、BC五〇九年に共和国成立となるのだが、この西洋古代史の射程をはるかに超えた五〇〇〇年以上も前の時代――「世界史年表」においては考古学上の推定年表の空白のゾーンから忽然と現れたのが、アイスマンなのである。

五〇〇〇年前の人間――アイスマンの衝撃

一九九一年、オーストリアとイタリアの国境近く、標高三二〇〇mのアルプス山岳地帯で凍結した遺体が発見された。最初は比較的近年の山岳遭難者ではないかと見られたが、検証が進むにつれ、なんと五〇〇〇年以上も前の人間の遺体とわかり、騒然となった。メディアの話題にもなり、アイスマン「エッツィ」と名付けられ、考古学者コンラート・シュピンドラーの『五〇〇〇年前の男――解明された凍結ミイラの謎』(文藝春秋社、一九九四年)が日本でも出版された。

遺体と遺物に関し、欧州の四つの研究機関が年代測定を行い、ほぼ五〇〇〇年前、紀元前三〇〇〇年頃に生きていた男であることが特定されたのである。つまり、ギリシャ・ローマより二〇〇〇年以上も前の冷凍人間が現れたのである。古代遺跡からみつかる骨や乾燥ミイラとは異なり、瞬間凍結された生身の人間がみつかったということであり、胃の内容物をはじめ、確認できる圧倒的情報量を有する検体なのである。

現在、このアイスマンはイタリア北部にある「南チロル考古学博物館」で保管されているが、アルベルト・ツィンク博士(ミイラ・アイスマン研究所長)指揮の下、一二四人の専門家チームで現代科学を駆使した遺体の検査が行われ、アイスマンは、身長一五七・五cm、体重五〇kg、年齢四五歳前後、血液型O型の男性であることがわかった。

胃の内容物の検査からは、意外なほど豊かな食生活が証明され、三枚重ねの衣服、熊皮の底の靴、所持品と思われる石剣と銅製の斧、火打石などからは、当時の生活文化を支えた技術が検証されてきた。アイスマンの職業は羊飼いとの見解もあるが、少なくとも農耕牧畜社会の一員だったと推定されている。

アイスマンが何を食べていたのかについては、二〇一八年になって、イタリアのミイラ研究所の微生物研究者フランク・マイクスナー博士らによる新たな報告書が出され、脂質性の食材が四〇%を占め、野生の動物の肉を乾燥させて食べていたと思われることや穀物をバランスよく摂取していたことが窺えるとし、「人間の適応力の証左」と表現している。

着ていた衣服については、二〇一六年にネイチャー誌が詳しいレポートを掲載しており、九片の衣革断片のミトコンドリア・ゲノムの塩基配列を解析した結果、被っていた帽子はヒグマ、矢筒はノロジカの毛皮からできており、着ていた上着はヤギとヒツジなど四種類の野生動物の毛皮を素材にして縫い合わせたものということが判明した。また、一番上に着ていたのは縄で編んだマントで、一m以上の草で編んでおり、日本における蓑のような形状で、高山地帯を歩く旅人には適したマントだという。

また、興味深いことに全身に六一個の入れ墨(タトゥー)があり、その場所が東洋医学でいう「ツボ」に重なることから、痛みを和らげるツボに対する一定の医療行為があった可能性などが指摘されている。また、人類史のきわめて早い段階から、入れ墨がある種の「お守り」、あるいは「粋」(かっこよさ)といった価値の表象だったことが窺えるという。日本の縄文時代の土偶にも入れ墨の意匠のあることが思い起こされる。

さらに、病理学的解明により、アイスマンには胆石があり、結腸内に寄生虫が存在していたこと、さらにピロリ菌にも感染していたことがわかってきた。腹痛や消化不良にも悩まされていたのだという。野生の原始人というよりも、現代人に近い生活者のイメージが浮かんでくる。死因の特定もなされ、体内から矢尻が見つかったことから、弓矢で射られたことがわかり、頭蓋骨にも攻撃で受けた陥没があることから、他殺されたことが検証された。何らかの攻撃によって死んだのであろう。アイスマンも人間社会のトラブルに巻き込まれたのである。

ゲノム解析も進み、インスブルック医科大学が二〇一三年に公表した報告によれば、オーストリアのチロル地方の三七〇〇人のDNAを分析した結果、一九人の男性の子孫がいることが判明したという。「文理融合」といわれるが、生命科学の進化が、社会科学の世界に留まってきた歴史学を突き動かしつつあり、その前兆がアイスマンの解明ともいえる。歴史の彼方にあったものが、科学的事実として光を放ち、我々の歴史認識は屋台骨から修正を迫られている。

五〇〇〇年前の世界への想像力

アイスマンが生きた五〇〇〇年前という時代に想像力を働かせてみたい。前節で取り上げた世界最古の文字を生んだシュメル都市文明が、メソポタミアに動き始めたのが約五〇〇〇年前であった。また、欧州にとって地中海の対岸のエジプトに統一国家が形成されたのがやはり約五〇〇〇年前、BC三〇〇〇年頃であり、BC二六〇〇年頃がクフ王のピラミッド時代であった。

欧州においては、ウルム氷期(七万〜一万年前)を超えて、約六万年前から始まったホモ・サピエンスのアフリカからユーラシアへの移動が一巡し、約一万年前の定住革命(農耕・牧畜の定着)から約五〇〇〇年を経た時点であり、地中海地域に、BC三〇〇〇年頃とされるエーゲ文明(クレタの青銅器文明)が始まった頃であった。

遠くアジアの中国の五〇〇〇年前となると、中国最古の王朝とされる「殷」(BC一六〇〇頃〜BC一一二七年)よりも一四〇〇年も前であり、幻の王朝とされる「夏」が興ったとされるのが約四〇〇〇年前で、黄河文明が興隆する以前の中期新石器時代ということになる。殷王朝よりも前に存在したとされる夏王朝については、河南省西部にある二里頭遺跡の発掘などによって実在が証明されたという最近の論説もあるが(『図説　中国文明史――先史・文明への胎動』創元社、二〇〇六年)、春秋から戦国の時代に、いくつかの地方王朝の伝説が一個の夏という王朝史としてまとめられたという見方もある。いずれにせよ、仮に夏という王朝が存在していたとしても、その王朝成立の一〇〇〇年以上前の存在がアイスマンなのである。

さらに、日本の五〇〇〇年前に視界を取るならば、仮に古事記・日本書紀の記述が、すべて歴史的事実だとしても、神武天皇の即位はBC六六〇年ということで、約二七〇〇年前となる。つまり、アイスマンは「神武」より二三〇〇年前の縄文中期の人間ということなのである。

縄文時代は約一・二万年前に始まったとされるが、BC三〇〇〇年頃に、関東・東北に住居の集落が形成され、この縄文時代中期の「縄文人」が生み出した土器が、あの縄文芸術の華ともいえる「火焔型土器」(新潟県十日町市笹山遺跡)であり、土偶「縄文のビーナス」(長野県茅野市棚畑遺跡)である。その造形美と創造力には驚嘆せざるをえないが、この中期縄文人が欧州のアイスマンとほぼ同時代人であった。地球上の各所で、人類は知を凝縮させながら、それぞれの環境条件の中で必死に生きていたのである。そして、アイスマンの解明が突きつける科学的事実が、否定するすべもない歴史認識の素材となり始めているのである。

(2018・10)

人類史における宗教の淵源

人間が神仏を創ったのであって、神仏が人間を創ったわけではない。人間が人間たる特質ともいえる「自らの存在の意味を問い掛ける動物」として進化した帰結として、自らを制御する存在としての神仏を創造せざるをえなかったのである。

最新の脳科学の進歩を踏まえたスタンフォード大学の精神医学者E・フラー・トリーの『神は、脳がつくった』(ダイヤモンド社、二〇一八年)は、こうした認識を確認する上で有効な論稿で、脳の進化の過程において人間が神を必要としたことを説得的に検証している。ホモ・サピエンスが、約一〇万年前以降に「自分自身を考える内省能力」を発達させ、約四万年前以降に「自伝的記憶」(自分の死を超えて将来に投影する能力)を獲得し、そうした認知能力の進化が農耕革命、定住革命につながり、「一万年から七〇〇〇年前」の時点で「概念的な神々」を意識するに至ったというのである。

人間、ホモ・サピエンスの脳は一・五kg程度といわれる。体重の三〇分の一にも満たない脳が人体のエネルギーの四分の一以上を消費するという。認知革命を経た人類が約六万年前、アフリカからユーラシアへと移動し、環境に適応しながら旅を続け、約一万年前に定住革命を迎えたこと、そして約五〇〇〇年前の人類が実現したシュメル都市文明が生んだシュメル文字の粘土板、その人類最古の文字で描かれた神話に多くの神々が描かれていることについてはすでに論じた。

人間はいつ宗教心を持つに至ったのか。人間が人智を超えた「聖なるもの」に魅かれ、内なる価値に動かされて「回心」する起点は何か。そして二五〇〇年ほど前、つまりBC五〇〇〇年頃に、なぜ今日の世界宗教の中核を占める中東一神教（起源としてのユダヤ教）、仏教、儒教（世界宗教とはいえぬが）が、ほぼ同じくして誕生したのか。人類史における宗教の意味を再考しておきたい。

宗教の淵源としてのアニミズムとフェティシズム

R・ドーキンスの『神は妄想である――宗教との決別』（早川書房、二〇〇七年）が語る「宗教はストレスを減らすことで寿命を延ばす偽薬である」という見解が真理だとしても、宗教が人間の切なる願望の表象であり、人間という動物の特質の投影でもあることを直視しなければならない。ここで重要なのは、宗教とは何かということだが、人類は二足歩行と脳の進化を経た認知革命の先に「聖なるもの」を設定し、それに頭を垂れることで、自らの精神を制御してきたといえ、宗教の起源は「聖なる事象」への気づきにあるといえる。

約二〇万年前にアフリカ大陸に登場したホモ・サピエンスが、一〇万年前頃から認知革命の中で「自らを見つめる内省能力」を身につけ始め、約六万年前にユーラシア大陸への「グレート・ジャーニー」と呼ばれる移動を開始したことはすでに触れたが、人類は移動を通じて「人間という存在への無力感」を味わい、自然の驚異と偉大さに霊性を感じたのであろう。「太陽の美しさと恵み」「そそり立つ山岳の壁」「一木一草にも命」を感じ「聖なるものを設定」する心情が高まったであろう。無生物にも「アニマ」(anima)、すなわち霊魂が存在するという信念が、自らを律する心性に芽生えたことは重い一歩であった。人類が自然との対峙・格闘・共生を通じてアニミズム的志向を身につけていったという視点は、宗教の淵源を考える上で納得のいくものである。

一九世紀の文化人類学者エドワード・タイラー(一八三二〜一九一七年)は宗教学の先駆的研究ともいえる『原始文化――神話・哲学・宗教・言語・芸能・風習に関する研究』(誠信書房、一九六二年、原書一八七一年)において――彼は一七世紀に日本を訪れたケンペルの『日本誌』さえ参照して日本宗教の研究にまで踏み込んでいるのだが――独自の宗教進化論を展開し、宗教は「アニミズム―多神教―一神教」と進化してきたという考え方を展開した。一九世紀という時代を背景にした西欧・キリスト教優位の宗教観であり、未開・非文明においてはアニミズムとフェティシズム(偶像崇拝、呪物崇拝)が支配的で、それが多神教へと進化、さらに文明化とともに一神教へと成熟していくという捉え方であった。

こうした認識の限界は、現代社会にも現存するアニミズムを観察すれば明らかである。アニミズムは未開社会の特質ではなく、時代を超えた人間の特質ともいえるのである。ウォルト・ディズニーはネズミに人間の心を持たせて「ミッキーマウス」なる存在を生み出した。世界中の子どもはデイズニー・アニメに登場する動物に心を寄せ、擬人化して考えている。

また、地球環境の保持に関心を抱く人の中には、近代社会を貫く「人間中心主義」の世界観に疑問を抱き、「多様な生物が共生する地球」を希求することを主張するが、これも形を変えたアニミズムともいえる。

現代におけるフェティシズムにも気づかざるをえない。たとえば、商業主義によって増幅されたブランド商品への信奉は凄まじく、これこそ呪物崇拝の延長ともいえる。製品への選好というレベルを超えて、高額のブランドに執着する「ブランドフェチ」は地上に蔓延している。さらに、芸能の世界における「アイドル」(偶像)なる存在に熱狂する空気こそ、文字通り「偶像崇拝」以外の何ものでもない。アイドル・グループに「神セブン」という言葉が使われ、「神ってる」という表現が飛び交う現代社会は、究極の「多神教」状態にあるともいえる。我々自身がアニミズムとフェティシズムを生きているのである。

宗教の二つの淵源

あらためて宗教なるものの本質を熟慮するならば、宗教は人間の心における二つの要素の淵源をもつといえる。

一つは、ここで論じてきた「聖なるもの」への意識である。そして、もう一つが、心の内なる価値への意識であり、自らを律する規範への目覚めである。

そこで、人類史における内面的価値、「道徳の誕生」に関心が向かわざるをえない。南カリフォルニア大学の人類学者クリストファー・ボームは『モラルの起源』（白揚社、二〇一四年）において、道徳、良心、利他行動の進化について論じている。彼は「血縁を超えた他者に対する寛大さ（モラル）は、集団内の「黄金律」として、集団を効果的にまとめる上で有効だからという社会的環境によって生まれた」と考え、「およそ一五万年前」のアフリカにおけるホモ・サピエンスにモラルの起源を求めている。

ただし、人間にだけ道徳性があると考えることは正しくないようだ。霊長類の社会的知能研究の第一人者フランス・ドゥ・ヴァールの『道徳性の起源――ボノボが教えてくれること』（紀伊國屋書店、二〇一四年）は、類人猿ボノボの研究を通じて、「道徳性とは神から押し付けられたものでも、人間の理性から導かれた原理に由来するものでもなく、進化の過程で動物が営む社会生活の必然から生じた。相手を思いやり、助け合い、ルールを守り、公平にやるのは動物も人間も同じだ」と論ずる。

また、英国の科学ジャーナリスト、ニコラス・ウェイドは、『宗教を生みだす本能――進化論からみたヒトと信仰』（NTT出版、二〇一一年）において、「言語と宗教こそ、人間の学習能力の上に築かれた複雑な文化行為」と述べ、「人は一人で話す、祈るのではなく、共にコミュニケーションすることで納得し、落ち着く」と語る。つまり、「宗教とは、感情に働きかけ、人々を結束させる信念と実践のシステム」であり、社会的関係性の中で自らの位置を問い掛け、共有できる価値に向き合う視界が生まれると考えるべきなのであろう。

つまり、約一万年前とされる定住革命の過程で、人間社会には移動を続ける部族とは異なる次元での共同体が生まれ、近隣の共同体との関係性が生じた。それは、「嫌いな奴とは別れて移動する」ことから、「嫌いな奴とも何とか共存しなければならない」という状況が生まれ、社会の良好な関係を保つための自制心、他者への配慮が必要になった。それは、次に論及する「世界宗教」の誕生の伏線になったといえる。

人間が宗教に心を寄せる瞬間――「回心」とは何か

唐突だが、人間が宗教に心を寄せる瞬間、懐疑的知性が神の存在を意識する瞬間を考察しておきたい。つまり、「回心」である。私自身は宗教者ではないが、世界を動いてきて、世界は宗教から成り立っており、国家制とは異なる巨大な宗教圏とでもいうべきものが存在していることを実感してきた。世界の理解には宗教への理解が不可欠なのである。その意味で、私の体験から話を進めたい。

私はイスラエルのエルサレムを五回以上訪れ、ユダヤ教の嘆きの壁、キリスト教の聖墳墓教会、イスラム教の岩のドームといった三つの聖地が半径五〇〇mの中に存在する旧市街を歩き回った思い出がある。プロローグでも触れたが、十字架を背負ったキリストが歩いたゴルゴダの丘への道（ヴィア・ドロローサ）を追体験するごとく、二度歩いたことがある。商店が立ち並ぶ細い坂道を登りながら、突然思い出したのが芥川龍之介の「さまよえる猶太人」であった。

ゴルゴダの丘の刑場に二人の盗人とともに曳かれていくキリストを、芥川は彼自身のキリスト像を炙り出すように描いている。――ゴルゴダに向かう細い坂道沿いにその男ヨセフの家があった。十字架を背負わされたキリストは、ヨセフの家の戸口に立ち、しばらく息を入れようと立ち止まった。ヨセフは「多くの人々の手前、祭司たちへの忠義ぶりを見せるため」、キリストに対して「無情にも罵詈《ばり》を浴《あび》せかけた上で、散々打擲《ちょうちゃく》を加えた」――つまり、群集心理に悪乗りして、キリストを小突き回したのである。その時、キリストが発した一言がヨセフの運命を変えたどころか、人類史を変えたとさえいえる。キリストは何と言ったのか。――「行けというなら、行かぬでもないが、その代り、その方はわしの帰るまで、待って居れよ」

イエス・キリストという実在の人物が十字架に架けられたのはAD三三年の春だったという。このユダヤ教のラビの一人だった青年が何故、逮捕・処刑されねばならなかったのか。それは、すでに当時のパレスチナにおいて確立された秩序の中心にいたユダヤ教指導層には、イエスの運動がユダヤ教指導層への批判を内在させ、イエスをメシア（聖別された救世主）とする運動が盛り上がることを警戒する心理が存在し、支配者であったローマ総督の名の下にイエスの排除を誘導する意図があったことは確かであろう。

よってたかってイエスを殺してしまったユダヤ人社会に、最後まで「愛」を語り続けていたイエスの人格的印象が鮮烈に蘇り、それが復活の日を信じる心に火を点けたといえる。そして、そのことが、一九〇〇年も経った極東の国・日本で芥川の心にも火を点けたのであり、それはキリスト者への「回心」といえよう。そして、芥川の作品を想いながら、あのゴルゴダの丘への坂道で、私自身のキリスト理解が一歩深まった瞬間にもつながった。

ところで、「西方の人」「続西方の人」は、芥川が三五歳で自殺する直前、一九二七年に雑誌『改造』に書いた最後の作品であった。「クリスト教はクリスト自身も実行することの出来なかった、逆説の多い詩的宗教である」という芥川のキリスト教理解の集約であり、近代日本における批判的知性の代表ともいえ、「クリスト教は畢竟《ひっきょう》クリストの作った教訓主義的な文芸に過ぎない」とまで言い切っている芥川が、それでもキリストを「詩的正義」として愛し、キリスト教へと「回心」していった理由を理解する上で、その転換点を示唆するのが「さまよえる猶太人」である。

それは、芥川における個人的体験だが、人間にとって、宗教が心に入る瞬間を示唆している。「西方の人」の書き出しは「わたしはかれこれ十年ばかり前に芸術的にクリスト教を――殊にカトリック教を愛していた」であるが、この一〇年前に二五歳で書いたのが「さまよえる猶太人」であった。

（２０１８・12）

世界宗教の誕生とその同時性

現在、「世界宗教」といわれるのは、キリスト教、イスラム教、仏教であり、民族を超えた宗教という意味である。ヒンズー教は信者数では約一〇億人と仏教の倍であるが、インド亜大陸の「民族宗教」とされる。信者数では、キリスト教二二億人、イスラム教一六億人、仏教四億人で、世界人口七五億人(二〇一七年)の約五割強を占める。この三大世界宗教に加え、日本にも大きな影響を与えたという意味で、東アジアにおける信者約二億人といわれる儒教も考察の対象としたい。そこで気づくのは、中東一神教の原点たるユダヤ教、インド亜大陸に生まれた仏教、そして中国の儒教がほぼ同時期、約二五〇〇年前に誕生したという事実である。人類史におけるその意味を考えたい。

これらの宗教に共通するのは「創唱宗教」、つまり開祖の存在である。ブッダ、孔子、キリスト、ムハンマドと、宗祖とされる人物が屹立しているが、唐突に開祖が現れたわけではなく、それぞれが生きた地域における社会状況の中から登場し、生身の人間として苦闘した残像を有しており、それが人々の心を捉え、伝承の中で影響を拡大したことが分かる。

世界宗教の誕生——二五〇〇年前同時化の謎

民族・国境を超えて世界宗教となっていったものには共通性がある。それは人間の心の奥における共振動を動かす力があるということである。「聖なるものへの敬意」としての自然や偶像への崇敬とは異なる、人間の深い意識での価値に訴えるメッセージを有することが根底にあるといえよう。

精神医学者E・フラー・トリーが、近著『神は、脳がつくった』(前節参照)で論じたごとく、ホモ・サピエンスは、約一〇万年前以降に「自分自身を考える内省能力」を身につけ、約六万年前とされる「出アフリカ」後の約四万年前以降に「自伝的記憶能力」(自分の死を超えて将来に投影する能力)を発達させたという。つまり、人類はユーラシアを移動し続けながら「心の内なる世界」を見つめる力を醸成していったのである。

そして、約一万年前に定住革命が始まって約七五〇〇年が経過する中で、地球上の各地に定住した人間によって社会的関係性が生まれた。移動を常態とする時代とは異なり、気に入らない他者とも簡単に決別できず、帰属社会の中で「忍耐と調和」を保って生きねばならなくなった。エゴと利己愛では生きられなくなったのである。また、定住することによって、地域社会を構成する権力、支配—被支配の関係、構成員相互の利害対立、そうした緊張を制御し、秩序を正当化する価値基準が必要になってきた。「自らの存在の意味」を問いかける動物である人間は、自らを律する価値を求め、目先の利害を超越した価値への想像力を膨らませ、そこに世界宗教につながる心性が動き出したのである。ヒトという種は恐ろしい生物でもある。地上の動物の中でヒトだけが「生命を脅かす可能性のある最大の敵が、同じ種の他の集団」であり、その緊張感が人間を結束させ、他者との調和を配慮させるのである。

世界中の多くの宗教者、信仰者と向き合ってきた私の体験を通じた直感だが、世界宗教の本質は「利他愛」だと思う。つまり、他者への配慮であり、心の寛さである。それが人間の内面的価値に訴え、民族を超えて受容される素地となったと思われる。一〇年を超えた米国生活の中で、また中東・アジアを動いてきた経験の中で、敬虔に宗教に向き合う人達が、時に利害相反や緊張があっても、異邦人である私に見せた温かい配慮は、宗教性の希薄な戦後なる日本に生まれ育った私に、熱い思い出を残している。そのたびに宗教の持つ意味を再考させられたものである。

世界宗教の本質とは——中東一神教

古代オリエントで唯一の一神教たるユダヤ教が、その基軸である旧約聖書を整備し始めたのが約二五〇〇年前のことであった。ヘブライ人は、自らの民族の歴史を整理し、「モーゼ五書」といわれる「創世記」「申命記」などを編纂、法典の下に民族再興を図り、天地創造の神との契約という選民思想を形作った。モーゼ率いる「出エジプト」はBC一三世紀とされるから、旧約聖書はその約七〇〇年後の登場であった。

旧約聖書(創世記12・1~4)でユダヤ民族の祖とされるアブラハムは、シュメル文明の最後の中心地たるウルの出身とされる。人類最古の文字シュメル文字については、私がその文字の刻まれた粘土板を手に入れたことは本章「グローバル・ヒストリーへの入口を探って」で触れた。その粘土板はウル第三王朝期(BC二一一二~BC二〇〇四年)、つまり四一〇〇年前のものである。

シュメル文明の残影を残したメソポタミアのウルの地を旅立ったアブラハムは、「神への絶対的信仰」を誓い、シリアを経てカナンの地に辿り着いたとされる。その後、ユダヤ民族がエジプトへと流れ、奴隷的立場で苦闘し、モーゼに率いられてついにエジプトを脱出、四〇年間も荒野を彷徨《さまよ》い、「十戒」という形で絶対神との契約を結んだとする物語は、苦難の中を民族が結束して生き抜くために不可欠な精神的基盤だったのであろう。

出エジプト後のユダヤ人は部族の連合を形成、BC一一世紀には王制に移行、ダビデ王、ソロモン王の栄光の時代を迎えるが、BC九世紀には南北に分裂、北王国はBC八世紀にアッシリアに、南王国はBC六世紀にバビロニアに征服される。「バビロン捕囚」(BC五九七~BC五三八年)という苦難を味わい、ペルシャによる解放を経て、ユダヤ民族史としての『旧約聖書』の編纂がなされたのである。こうした背景が、民族の悲劇と結束、そして使命感を際立たせたのである。

ユダヤ教を信じる宗教民族としてのユダヤ人は、世界に離散する運命の中で人類史に不思議な役割を果たす。世界中どこに居住していても、その地の権力や権威を相対化して受け入れる思考がその特質であり、そこから世界を構造的に捉える論理性が生まれた。マルクス、アインシュタインから『サピエンス全史』を書いた歴史学者ハラリまで、何故か多くのユダヤ人が構造的に事象を認識する視界によって、国境を超えたグローバルな視座を提供する役割を果たしてきたのである。

ユダヤ教は民族宗教にすぎないが、そのユダヤ教を「世界宗教」へとパラダイム転換したのが、キリスト教であった。なぜキリスト教は民族を超えて受容されたのか。それは、イエスなる存在が、裏切りや不条理なユダヤ教指導層の仕打ちにもかかわらず「愛」を語り続け、従容と十字架に向かったその高潔性が、残された人々の心を衝き動かし、やがて彼を処刑したローマ帝国をも「回心」させる力となるのである。人類は「愛に共鳴する力」を秘めていたのである。

さらに、中東一神教の三男、七世紀のアラビア半島に忽然と登場したイスラム教については、宗祖ムハンマド(AD五七〇頃～六三二年)が、神の預言者としてだけでなく、政治的・軍事的指導者だったということにより、「片手にコーラン、片手に剣」といった聖俗一体の暴力的イメージを抱きがちだが、中東から東南アジアにかけて、この宗教に触れてきた私の印象を語るならば、イスラム信仰の柱たる「五行」とされる「信仰告白、礼拝、喜捨、断食、巡礼」、とりわけ、喜捨、断食という行動に凝縮されるのは、神の意思に基づく自省と他者への配慮にほかならない。

ムハンマドは四〇歳で天使ガブリエルによって神の啓示を受けるが、「正直者」の商人として、青年期に人生の意味、人類の不幸を悩みぬき、その視界の中から預言者としての自覚を高めた。中東一神教を根底に生まれたイスラムは決してキリスト教を否定したわけではなく、キリストの神格性を否定、預言者の一人としたのである。ただ、その頃すでにキリスト教は「神の子キリスト」を掲げて欧州の宗教的権威になっていたことにより、イスラムは不遜で野蛮な存在にされてしまった。

仏教、そして儒教なるもの

インド亜大陸に釈迦(ゴータマ・ブッダ、BC四六三〜BC三八三年)が生きたのも約二五〇〇年前であった。中央アジアの遊牧民だったアーリア人のインド亜大陸への南下が約四〇〇〇年前とされ、インダス川流域の先住民を制圧した。釈迦のシャカ族もアーリア人と先住民の混血の血脈と推定される。現在のネパール南部のインド国境近くに存在したカピラ王国のシャカ族国王の王子として生まれ、一六歳で結婚、二九歳で家族を捨てて出家して、バラモン教を基盤としながら祭祀にとらわれない自由思想修行者(沙門)の一人として生きたゴータマ・ブッダなる青年の「我執からの解脱」を求める壮絶な生涯が、世界宗教・仏教の基点となった。

仏教に関する研究書を読み込むと、仏教の誕生・伝搬については「加上」という言葉が鍵であることに気づく。釈迦自身の仏教と日本に伝わってきた大乗仏教は違う。釈迦の仏教は「究極の内省」、つまり心の内側を見つめ、欲望からの解脱、煩悩からの解放を目指すものであり、そこには他者の救済という意識はない。釈迦の最後の言葉とされる「自燈明、法燈明」がその集約点である。

仏教には固定化された原理がないため、釈迦の弟子や後進の僧侶たちによって多様な解釈と思索が加えられ進化した。それが「加上」である。たとえば、四世紀インドの僧・世親などにより拓かれた唯識論は、人間の内面の意識を深く探究することで仏教思想を深化させ、こうした思考の「加上」によって、大乗仏教は「衆生救済」の宗教として、ユーラシア大陸に共鳴の輪を広げ、世界宗教になっていった。

「観音力」「聞光力」という仏教語がある。本来、音は聞くものであり、光は観るものである。「音を観る」「光を聞く」というのは不可解であるが、隅々まで漏らすことなく衆生を救う力を表現したところに仏教の「慈悲」を感じる。それが、日本仏教にパラダイム転換をもたらした「親鸞の仏教」、つまり「善人なおもて往生を遂ぐ、いわんや悪人をや」の絶対平等主義に立つ救済論の登場により、キリスト者内村鑑三をして「我が友、親鸞」といわしめるほどキリストの「愛」に近接せしめるのである。

もう一つ、日本人の精神文化の支柱となってきた儒教にも触れておきたい。その原点に立つ孔子（BC五五一〜BC四七九年）も、約二五〇〇年前の人であった。その言行録たる『論語』の衛霊公第一五における一言に、春秋時代といわれた中国において、諸国を歴遊して生き抜いた孔子の思想が凝縮されていると思われる。――子貢問うて曰く「一言にして以て終身之を行うべき者ありや」子曰く、「其れ恕《じょ》か。己の欲せざる所人に施すこと勿れ」――「恕」とは心を拓いて「ゆるす」ことであり、他者に配慮する「徳」を意味する。

約二五〇〇年前の人類に現れ出た知の動きを確認してきたが、後に世界宗教となって世界に浸透する宗教が語りかけるものが「人間の内なる価値への共鳴」、つまり、他者への配慮、「愛」「慈悲」「恕」にあることに気づかされる。これこそが社会的動物として生きねばならなくなった人間の意識の進化といえるであろう。

（2019・1）

II

世界化する一神教

——現代を規定する宗教——

ギリシャ・ローマの宗教は、地中海地域の文化伝承としての多様な神話と神の概念を吸収し、最後にローマ帝国のキリスト教化に収斂したといえる。新約聖書の成立は、一世紀後半といわれるが、『旧約』『新約』という二つの聖書、さらにイスラム教の『コーラン』に至る中東一神教の「体験や教義を文字にして残す」という伝統を考える時、ユダヤ人の元祖アブラハムが、「人類最古の文字」たるシュメル文字を生み出したメソポタミアのシュメル文化最後の中心都市、ウルの出身だったという伝説に思いが至る。

キリスト教の世界化とローマ帝国
——欧州史の深層底流——

キリスト教がユダヤ教の一分派から世界宗教に飛躍する契機は、ローマ帝国の国教になったことにある。「すべての道はローマに通ずる」といわれた時代、古代地中海世界にとって「ローマこそが世界」だった。キリスト教とローマは、二重構造になって西欧社会の価値基軸になっていった。

パウロによる普遍主義への転換

キリスト教とは「ナザレ出身のユダヤ人イエスをメシアとし、さらに彼を「神の子」にして救世主とする宗教」であるが、この宗教を世界化させた基点が、使徒パウロであった。

イエスが十字架にかけられたAD三三年頃、パウロ(AD一〇〜六七年頃)は二三歳前後だった。律法主義に立つパリサイ派のユダヤ教徒だったパウロは、キリスト教の迫害者であったが、エルサレムからダマスカスに向かう途上で、新約聖書でも知られた天(イエスの声)の啓示を受けて「キリスト者への回心」(AD三七年)を遂げ、伝道者として小アジア、ギリシャ、ローマを巡り、キリスト教を地中海地域に布教して歩いた。

ハイデルベルク大学神学部教授だったゲルト・タイセンの『イエスとパウロ――キリスト教の土台と建築家』(教文館、二〇一二年)は示唆的である。パウロの根源的な問いかけは「神はユダヤ人の神でしかないのか」に始まり、神は社会的な差別なしに、すべての人間の神であることへと向かう(パウロ書簡、パウロ福音書)。つまり、イエスの十字架の死を人間の原罪を償うための死へと昇華させ、「イエスを救世主と認める者は人種、階級、性別に関わりなく救われる」(ガラテヤ書三章二八節)という普遍主義に至ることによって、民族を超えた宗教になる転換をもたらした。「パウロがキリスト教を創った」という研究者もいるが、誇張とはいえない。

余談だが、最近、皇帝ネロ(在位五四～六八年)のコインを手に入れた。AD六六年製のネロの肖像の入った銅貨である。AD六四年にローマで大火が起こり、ネロはキリスト教徒の仕業として断罪したと伝承されてきたが、最近の研究では「後世の誇張」とされる。キリストの死から三〇年ほどで、ローマにおいてはユダヤ教とキリスト教の区別がつかない状況だったといわれ、「キリスト教弾圧」というのはキリスト教優位の歴史観からの歪曲だといえよう。ネロの銅貨を見つめながら、歴史の深淵を想う。

ただし、使徒パウロの時代からAD三一二年のコンスタンティヌス帝のキリスト教改宗に至るローマ帝国において、キリスト教は悩ましい存在であった。英国の歴史学者ピーター・ブラウンの『古代末期の世界――ローマ帝国はなぜキリスト教化したか?』(刀水書房、二〇〇二年、原書一九七一年）によれば、キリスト教が静かに浸透したというよりも、三世紀になって「突如、目立つ存在になった」という。ローマにとって、キリスト教はローマの伝統的な神々の祭事や儀式には加わらず、妥協なき姿勢を貫いていた。また「奴隷も自由民も同じ」という平等主義はローマの政治社会体制を揺さぶるものであった。

統一維持のために　ローマにおけるキリスト教国教化

三世紀の半ば、ＡＤ二五〇年に至っても、デキウス帝（在位二四九～二五一年）によるローマの伝統的神々への祭儀の執行勅令が出され、多くのキリスト教徒が殉教した。四世紀を迎え、ＡＤ三〇三年に皇帝ディオクレティアヌス（在位二八四～三〇五年）による最後の大迫害がなされたが、コンスタンティヌス帝（在位三〇六～三三七年）のキリスト教への改宗（三一二年）と翌年のミラノ勅令（キリスト教寛容令）によるキリスト教の公認がなされ、ついにＡＤ三九二年、テオドシウス一世によってキリスト教はローマ帝国の国教とされるに至った。何故、ローマはキリスト教を受容し、国教化したのかについて考察してみると、ローマ帝国の統合の危機とともに、帝国の解体を避け、統一を維持するためにキリスト教による体制の権威付けが必要になったといえる。比類なきローマ帝国の栄光には、唯一の絶対神による正当性の確立が必要だったのである。

ところで、コンスタンティヌス帝がローマ教皇シルウェステル一世（在位三一四～三三五年）に出したとされた「教皇領の寄進状」なるものが、その後の欧州を悩ませ続ける。この寄進状は一五世紀に「偽文書」と証明されるのだが、神聖な精神的指導者としてのローマ教皇というだけでなく、領土を有する地上の政治的権力者としての教皇権を主張するバチカンの正当性の根拠となって、実に一九二九年のムッソリーニの時代に至るまで欧州の政治力学を揺さぶるのである。

ローマ帝国によるキリスト教の受容は、「下からの受容」というよりも「上からのキリスト教化」であった。ローマ帝国の権威の正当化のための皇帝によるキリスト教化という意味が重かったのである。

宗教が国家権力と結びつくことは、宗教の堕落、腐敗に帰結する。キリスト教の国教化後の歴代ローマ皇帝の中で、教会の権威と正対した例外的存在がユリアヌス帝（在位三六一〜三六三年）であった。キリスト教の側からは「背教者」という烙印を押されるユリアヌス帝であるが、伯父のコンスタンティヌス帝の時代から三〇年で、早くも堕落する教会という現実に対峙せざるをえなかったのである。

欧州でのキリスト教の受容はその変容をもたらした。「科学革命の影としての魔女狩り」（『世界』二〇一六年一〇月号）で触れたが、中東一神教は「父性宗教」であり、『旧約聖書』は女性蔑視的記述に満ちていた。キリスト教が欧州に浸透するためには、宗教的古層に埋め込まれた「古代地中海地域を淵源とする大母神信仰」との調和が必要だった。そこで聖母マリア信仰が浮上したのであり、それが反転、増幅したのが「魔女狩り」であった。そして、聖母マリアを淑徳と愛の象徴とする教義を巡る対立が、後にキリスト教の分裂を招くのである。

ローマ帝国の分裂と西ローマ帝国の運命

コンスタンティヌス帝はＡＤ三三〇年ビザンティウムに遷都し、コンスタンティノポリスと改称、ローマ帝国の重心を東に移した。「第二のローマ」の誕生であり、ここからローマ帝国の分裂とキリスト教の核分裂が始まった。ＡＤ三九五年、ついにローマ帝国は東西に分裂する。そして、今日の西欧社会の原型ともいえる西ローマ帝国が崩壊していく。

ＡＤ四一〇年に西ゴート王アラリックによって西ローマ帝国の首都ローマは占拠され、四七六年にはゲルマン人傭兵隊長オドアケルに退位を迫られた皇帝ロムルスによって西ローマ帝国は滅亡した。権力の分裂が東西教会の分裂を誘発し、教義をめぐる対立からコンスタンティノポリス司教のアカキオスの離反を招き、西ローマ帝国滅亡の八年後、ＡＤ四八四年に東方教会とローマ教会は分断されてしまう。

西ローマ帝国が滅んだ要因は「ゲルマン民族の移動」といわれるが、西ゴート、東ゴートといわれたゲルマン民族のドナウ川の西への移動は、中央アジアのウラル＝アルタイ族系の遊牧騎馬民族・フン族の西への移動によって押し出されたものであった。背景には、四世紀後半からの地球寒冷化があった。超長期的には約一万年前から今日まで、地球は温暖化期（間氷期）にあるのだが、その中での短期サイクルとしての寒冷化によって、ユーラシアでの人口移動が起こったのである。

西ローマ帝国は滅亡しても、ローマ教皇は存続し続けた。「ローマ教皇」（ポープ）とは不思議な存在で、公式にはＡＤ一世紀のペテロ（在位？～六七年）が初代とされるが、ローマ司教が首位教会として「教皇」の名前で教令を発したのは、ローマ帝国分裂を背景に、教会の権威の保持に腐心したシリキウス（在位三八四～三九九年）で、それ以降が実体的「教皇」といえる。四七六年に西ローマ帝国が滅亡した後も、ゲルマンのフランク王国を取り込み、四九六年にフランク王クロヴィス一世がキリスト教に改宗、八〇〇年にはローマ教皇レオ三世がカール大帝を戴冠させて「西ローマ帝国」を形式的には再興させるなど、西欧社会の宗教的権威の中核として生き抜いていく。

八世紀に入ると、ウマイヤ朝イスラムの攻勢は欧州に及び、七一一年にはイベリア半島を制圧し、七三二年にはピレネーを越えてカール・マルテル率いるフランク王国軍と激突した。この時、欧州に「キリスト教共同体」という意識が芽生えたという。「フランスとはラテン化したゲルマン」ともいえ、現在のフランスの原型ともいえるフランク王国の欧州史における意味は大きい。

フランク王国は、五世紀末にクロヴィス一世によってローマの属州だったガリアに興り、九世紀にはフランス、ドイツ西部、イタリア北部までを支配した。カール大帝（七四二～八一四年）が「ヨーロッパの父」といわれる理由はここにある。

ローマ教皇の影は歴史を超えて生き延び、十字軍の時代（一〇九六年の第一回から一二七〇年の第八回まで約二〇〇年間）を経て、「神聖ローマ帝国」という形で影響を与え続ける。一五一七年にルターが狼煙をあげた「宗教改革」だが、プロテスタントとは「神聖ローマ帝国に抗議する者」という意味でもあり、ローマ・カトリック教会の堕落・腐敗への抗議という意味において、宗教改革が、かつてゲルマンといわれた北欧州地域に広がったことに欧州史の深層底流を感じる。

「西力東漸」で欧州が東洋に迫った「大航海時代」も、そのエネルギー源には宗教改革の圧力を受け止めたカトリックの「対抗宗教改革」としての危機感があった。一五三四年にイエズス会が設立され（同年、英国教会は教皇の権威を否定している）、一五四〇年にはローマ教皇が認可、それがF・ザビエルなどの来日にも繋がる。ザビエルもスペイン・バスク出身で、ゲルマン主導の宗教改革への強い危機感を抱いていた。

欧州史に埋め込まれたキリスト教が、宗教改革を経て「近代」なる時代を衝き動かした。実は、雑誌『世界』での連載「一七世紀オランダからの視界」も、一六四八年のウェストファリア条約までの、カトリックのスペインに対するプロテスタントのオランダの八〇年に及ぶ独立戦争を注視することから始まっており、虚構化したローマの権威に対する北欧州の異議が世界史を動かしたことを確認してきたといえる。

（2019・3）

キリスト教の東方展開の基点としてのビザンツ帝国

西ローマ帝国が滅びた後も東ローマ帝国(ビザンツ帝国)は一五世紀まで生き延びた。このビザンツ帝国こそ、東西の接点としてユーラシアの近代の触媒となる。だが、ビザンツ帝国は日本人の歴史観の死角である。なぜならば、明治以降の日本は西欧を模範として近代化を図ってきたため、歴史学においても西欧への関心が深く、東ローマ帝国への関心はきわめて薄かった。ビザンツ研究が本格化したのは戦後であった。

東ローマ帝国の起源に関し、コンスタンティヌス帝が三三〇年にコンスタンティノポリスに遷都したことについて、「ローマの神々ではなく、自らが帰依したキリスト教に基づく首都を創りたかった」という説もあるが、本質的にはローマ帝国の経済基盤が東に移り、ボスフォラス海峡から黒海に繋がり、地中海世界とアジアの結節点に帝国の重心を移すことを意図したといえよう。南雲泰輔の『ローマ帝国の東西分裂』(岩波書店、二〇一六年)などの近年の研究は、遷都後のローマ帝国分裂の要因を解析している。西ローマでは、元老院貴族による閉鎖性が食糧危機などへの対応力を失わせたのに対し、東ローマでは専制君主を支える官僚制・行政機構が機能して、東方の経済力を柔軟に吸収したという構図が理解できる。

ローマ帝国史といえば、E・ギボン（一七三七～九四年）の全七一章の大作『ローマ帝国衰亡史』が思い浮かぶが、ロイ・ポーターの『ギボン 歴史を創る』（中野好之他訳、法政大学出版局、一九九五年）を読むと、「歴史家が歴史を創る」という視界に共感を覚える。ローマ帝国の辺境だった英国の歴史家によって、しかも一八世紀の英国に生きた人物の歴史観が投影されていることに気づくのである。

ギボンが生きたのは英仏植民地戦争の時代であり、産業革命期であった。ポーターは、ギボンの「キリスト教への冷笑」傾向に言及しているが、確かにギボンは「キリスト教の導入、その蔓延がローマ帝国の衰亡に影響を与えた」との見解を隠さず、西ローマ帝国の滅亡について、「聖職者たちは忍耐と臆病礼賛の教義を説いて、効果をあげた。社会の活気は水をさされ、軍国精神の最後の名残が失われた」と論じた。大英帝国の進路と重なる問題意識があったのであろう。「六人の王妃がいた」というヘンリー八世の特異な事情から、ローマと断絶して英国教会が設立（一五三四年）されて二〇〇年以上が経過、英国が自信を深めていた時代にギボンはローマ帝国史を書いたのである。

ビザンツ帝国とキリスト教の核分裂

ジョナサン・ハリスの『ビザンツ帝国――生存戦略の一千年』（白水社、二〇一八年）の原題は“The

Lost World of Byzantium"で、著者が、イスタンブールなどビザンツ帝国の栄光が埋め込まれた地域を探査した作品だが、彼が抱いたキリスト者としての感慨が、「失われた世界」というものであった。私自身もイスタンブールを五回訪れたが、現在のイスタンブールではイスラム遺跡だけが目立ち、ここに東方キリスト教の千年王国が存在した痕跡は、かつてのギリシャ正教の大聖堂がアヤソフィア博物館となって残るだけに見える。だが、一歩踏み込むと、埋め込まれた地下宮殿(ユスティニアヌス帝時代からの地下貯水池)などビザンツ帝国の遺産が見えてくる。この街は城郭都市で、海で囲まれた旧市街の西にコンスタンティヌスの城壁(三三〇年完成)、さらにその外にテオドシウス二世の城壁(四一三年完成)という二重の城壁がビザンツ帝国を護り抜いたといえる。

三九五年にローマ帝国が東西に分裂した後、ビザンツ帝国は「ローマの栄光」を継承し、ギリシャ正教を中心にヘレニズム文化を伝承する基盤として存続し続けた。ビザンツ帝国にとっての最大の脅威は七世紀に忽然と台頭したイスラム勢力で、結局、一四五三年にオスマン帝国のスルタン、メフメト二世率いる三〇万人のイスラム勢力によりコンスタンティノポリスは包囲され滅亡する。BC七五三年のローマ建国以来二〇〇〇年以上続いたローマ帝国の歴史を閉じたのである。

「第三のローマ」となったモスクワ

ビザンツ帝国のもう一つの脅威はスラブ人の北からの圧力であった。ゲルマン民族の西方移動の後を追うように、ドナウの彼方から姿を現したのがスラブ民族であった。歴史は玉突きのごとく動く。五世紀の後半、領内に侵攻し始めたスラブ民族に対して、ビザンツはヘレニズム的キリスト教化を図った。大きな転機は九八八年、ロシアの原点とされるキエフ・ルーシのウラジーミル大公がビザンツ皇帝の妹と結婚、洗礼を受けてキリスト教に入信したことであった。さらに、キエフがモンゴルに制圧されたことにより、一二九九年には主教座をモスクワへ移動、ロシア正教となり、一五四七年には雷帝イヴァン四世がモスクワを「第三のローマ」と呼ぶに至った。

だが、二〇世紀のロシア革命を経て、レーニンは「宗教法」で、科学的社会主義の確立のために、宗教を「個人的な礼拝」に限定、ロシア正教は苦難の時代を迎える。しかし一九九〇年、ソ連崩壊直前の最高会議による「新宗教法」で「宗教に関する表現・布教の自由」が認められ、復権する。今日、奇しくもウラジーミルの名を持つプーチン大統領は、ロシアの統合理念として「正教大国」を掲げ、ロシアの正教回帰が図られている。

キリスト教はビザンツを基点に核分裂しながらユーラシアに浸透したのだが、ビザンツ教会とローマ教会の関係は複雑である。ローマ教会は、西ローマ帝国滅亡後もローマ教皇がすべてのキリスト教指導における首位権を主張する「教皇至上主義」に立ち、ビザンツ教会は地域教会の総主教による合議制を重視した。決定的な東西教会の亀裂が生じたのは一〇五四年で、ローマ教皇レオ九世の使節とコンスタンティノポリス総主教ミカエル一世(在位一〇四三〜五九年)が相互に破門状を投げつけ合う事態を迎えた。一九六五年に相互に破門状を破棄するまで、実に九〇〇年以上も断絶を続けたのである。

この間、東西が連携してイスラムの脅威と戦う十字軍の時代が存在したと思いがちだが、ビザンツ帝国にとっての十字軍は微妙であった。一〇七一年、ビザンツ皇帝ロマノス四世は一〇万の軍勢を率いて、アナトリアのセルジューク朝スルタンのアルプ・アルスラーンの四万の軍と激突した（マラーズギルトの戦い）。結果は、ロマノス四世が捕虜となる惨めな敗北となった。このトラウマが十字軍への伏線となる。アナトリアのセルジューク朝の勢力拡大に対して、ビザンツ皇帝からローマ教皇ウルバヌス二世への異例の救援要請を受けて、一〇九五年に「聖地回復の義務」（クレルモン宗教会議）が宣言され、第一回十字軍が送られた。だが、一二〇四年、第四回十字軍によるコンスタンティノポリス占領と略奪がビザンツの不信と怒りに火を点けた。十字軍の戦勝を受けて占領下に設立された「ラテン系諸国」は、ビザンツ帝国にとって難儀な飛び地となり、十字軍は派遣費用を負担したベネチアなどの打算を投影し、「聖地奪還」とはほど遠い醜悪な存在となった。

ビザンツ史を再考する時、ハリスが前掲書において「問うべきは、なぜ滅びたかではなく、なぜ存続できたのかだ」という言葉が心に響く。ビザンツが「偏狭な軍国主義国家にならず存続したこと」がポイントで、「最大の遺産は、他者をなじませて統合する魅力」がビザンツを存続させたという視点であり、外交、キリスト教文化、芸術を通じた征服こそ、ビザンツを千年王国とした理由であろう。

二〇世紀の優れたビザンツ帝国研究者たるポール・ルメルルの『ビザンツ帝国史』（西村六郎訳、白水社、二〇〇三年）は、ビザンツ帝国がギリシャ文化の影響をアラブ人やトルコ人に与え、スラブ民族に宗教と諸制度を受容させる装置となったことを論じ、「結び」において、「西方の諸国では、商人や修道士、巡礼者や十字軍を通じて、はるか離れた魅惑的なコンスタンチノポリスから受ける影響の絶えることはけっしてなかった。そして、トルコによる征服ののち、多くの学識あるギリシア人が西方にやってきて、彼らの学問や蔵書の名残りをもたらしたとき、ビザンツは西方にその最後の伝言を伝えた」と語る。

景教という視角からのキリスト教裏面史

エルサレムのゴルゴダの丘に立つ聖墳墓教会を訪れた時、強く印象づけられたのが、小さな教会の中がさまざまなカトリック系のキリスト教の分派によって分割管理されていることであった。区画ごとに、ローマ・カトリック、ギリシャ正教、エチオピア正教、アルメニア正教、コプト正教、シリア正教というかたちで分割管理されており、それぞれが「イエスの石棺」「イエスの十字架」などイエスに関わる聖遺物を保有していた。権威には必ず分派が生じる。そして分派の対立の中で、異端排除がなされて、それぞれが正統性を掲げて自己主張をする。他者の苦しみへの共感を語るキリスト教が民族を超えて浸透するにつれて分派活動に至る。これが人間社会の現実である。

ローマから異端とされたネストリウス派キリスト教は、ユーラシア史に異彩を放っている。四三一年に皇帝テオドシウス二世によって召集されたエフェソス公会議において、イエスの「人性」を主張し、聖母マリアを「神の母」と呼ぶことに反対したコンスタンティノポリス総主教のネストリウスが、民衆のマリア崇敬を利用した陰謀により、異端として追放された。だが、ネストリウス派は小アジア、シリア、エジプト、ペルシャから中国にまで教勢を広げた。六三五年には唐の長安に「景教」という名で景教僧アロペンにより伝道され、景教寺院まで設立されたこと、さらに七三六年には入唐副使中臣名代が、日本の大宰府に「唐人・波斯人を率いて拝朝する」が、その中に景教僧がいたらしきことが伝えられている。つまり、ザビエルによる伝道の八〇〇年以上も前に、いったんはキリスト教の伝道者が日本に辿り着いていた可能性を示すもので、一切定着しなかったことを含め、歴史の謎は深い。伝来と受容は異なるのである。

ただし、七世紀における中国への伝道は史実であり、大航海時代に乗って、一六世紀末にマテオ・リッチが伝道するよりもはるかに早くキリスト教が中国に伝わっていた。しかし、皇帝武宗によって八四五年に禁止され、その一部の勢力がモンゴルに流れた。そのことが一二世紀半ばに奇怪な形で曲折し、欧州史に浮上する。苦境に陥った十字軍を背景に、イスラム勢力の彼方からキリスト教を奉じる王「プレスター・ジョン」が救援にやってくるという噂話である。ビザンツ帝国マヌエル一世(在位一一四三〜八〇年)宛てのプレスター・ジョンからの手紙までが出回った。それらは十字軍を鼓舞するための偽書にすぎなかったが、元朝のフビライが一二八七年に欧州(コンスタンティノポリス、ローマ、パリ)に派遣したウイグル人景教僧の話など、虚実入りまじった欧州の潜在願望が表出したのが「プレスター・ジョンの伝説」であった。欧州の古地図には、大航海時代になってもエチオピア付近に「プレスター・ジョン」の王国を描いたものも存在する。

(2019・4)

中東一神教の近親憎悪
イスラム教vs.キリスト教、ユダヤ教

一九七九年にイランでホメイニ革命が起き、当時私が勤務していた三井物産がイラク国境近くで推進していたＩＪＰＣ（イラン・ジャパン石油化学事業）の建設現場が、サダム・フセインのイラク空軍によって二十数回の空爆を受けていた一九八〇年代前半、このプロジェクトの打開策を探る情報活動で、私はイスラエル、湾岸産油国、イラン・イラクと中東諸国を動き回っていた。中東理解が次第に深まる中で、中東一神教といわれるユダヤ教、キリスト教、イスラム教が唯一の「絶対神」に帰依する同根の宗教であることは理解していたが、何故に相互に憎悪し合うのかは謎であった。

セム族一神教の教祖モーゼから派生したユダヤ教、キリスト教のヤハウェ（日本での訳語では多くエホバ）、イスラムのアッラーは同じ「神」であるが、イスラムとキリスト教、そしてイスラムとユダヤの関係は、世界史を血塗られたものにしてきたのみならず、今日も紛争の火種となり続けている。そして、その反目の原点が、七世紀のアラビア半島に忽然と台頭したイスラム、その起点となったムハンマドなる人物のユダヤ教とキリスト教との不幸な接点にあったことが、次第にわかっ

てきた。

中東一神教との相関の中でのムハンマドの生涯

ムハンマド（五七〇頃〜六三二年）は、イエスの死から五〇〇年以上を経て誕生した「遅れてきた預言者」であり、その生涯についての文献も比較的残っている。彼が生きた時代は、日本では、仏教が伝来し、蘇我馬子が飛鳥寺を建立した頃であった。ビルジル・ゲオルギウの『マホメットの生涯』（河出書房新社、二〇〇二年、原書一九六二年）や、カレン・アームストロングの『ムハンマド』（国書刊行会、二〇一六年、原書二〇〇六年）などを参考に人間ムハンマドを考察すると、その人生そのものがイスラムなる宗教に投影されていることがわかる。キリスト教がローマ帝国と向き合う時代を背景に形成されたように、イスラムも七世紀のアラビア半島の地政学の中で形成されたのである。

ムハンマドは、当時のアラビア半島で「商人」として市場経済を牽引し始めていたクライシュ族に生まれ、六歳で両親と死別、父方の叔父に育てられ、羊飼い、隊商の一員として働き、「正直者のムハンマド」として商人道を歩んだ。二五歳の時、一〇歳以上も年長の富裕な未亡人ハディージャと結婚、二男四女をもうけた。聡明な妻ハディージャこそムハンマドの理解者となった。六一〇年、四〇歳の頃、メッカ近郊のヒラー山で瞑想中に突然「神の啓示」を受け、神の声を伝える者としての人生を生きる転機を迎えた。

仮に「神の啓示」を受けたとしても、それを受け入れる基盤無しには啓示の意味さえもわからない。本書でも「キリスト教を創った」といわれる聖パウロや、キリスト教に帰依した最初のローマ皇帝コンスタンティヌスが受けた「神の啓示」に触れたが、潜在意識に啓示が火を点けたといえる。

ムハンマドが生きた時代のアラビア半島は、ビザンツ帝国が現在のトルコからシリア、ヨルダン、パレスチナ、エジプトまでを版図としており、ペルシャ湾の北には、今日のイラン・イラクの大半を含む形でペルシャ帝国が鎮座していた。当時のアラビア半島は多神教の民族宗教が主潮で、メッカのカアバ神殿には三六〇体もの偶像が祀られていたという。神殿の中心にある黒石は天から来た隕石で、アブラハムが天使ガブリエルから授かったとされ、神の啓示を伝える活動を始めたムハンマドも、伝統を配慮し、カアバ神殿を敬っていた。また、アラビア半島にもユダヤ教、キリスト教が浸透してきており、とくに、キリスト教については、四三一年のエフェソス公会議で異端として追放されたコンスタンティノポリス総主教ネストリウスの教義を信奉するネストリウス派（中国における景教）が流入しており、それが大きな意味を持った。

私は、ムハンマドのキリスト理解に関心を寄せてきたが、イエスの「神性」を否定し預言者の一人とするムハンマドの捉え方に、ネストリウス派との近似性を感じていた。文献に当たるうちに、キリスト教の「異端」の研究（参照：D・クリスティ＝マレイ『異端の歴史』教文館、一九九七年、原書一九七六年）において、根拠のあることがわかってきた。ムハンマドが最初にキリスト教を学んだのが、ネストリウス派修道士のバヒーラであったという。

イスラムにおけるイエス・キリスト観は、『コーラン』にも明確に描かれている。コーランにおいて、イエスは「イーサー」と表記されて登場する。確認してみると、コーランにおける二五の節でイーサーについて語られている。「イーサーも諸預言者」(三章八四節)とされ、「現世と来世における尊者」(三章四五節)として敬意を払われているが、イーサーは神自身ではなく、神の子でもないとされる。つまり、イエスの「人性」にこだわるのである。すでにローマ帝国の国教となり、権威となっていたキリスト教にとって、「一つの神格における三位格」として「父と子と聖霊」を位置付けることは揺るがし難い教理であった。イエスの神性を否定し、預言者の一人にすぎないことなど、許されない侮辱であった。

神の啓示を受け、六一三年頃から「神の声を伝える預言者」としての活動を始めたムハンマドは、自らの神性や優越性を語ることなく、彼の伝えるメッセージはあくまで「アブラハム、モーゼ、ダビデ、ソロモン、イエスたちが伝えた神の意思」(『コーラン』二―一二九～一三一、六一―六)であった。

メディナへの聖遷の意味――ユダヤ教との決別

メッカでの布教を始めて約一〇年、「絶対神の下での平等」を訴えるムハンマドの活動は多神教徒をイスラムに改宗させ、貧者、奴隷にも訴え始めた。それはメッカの支配層との対立を引き起こした。多神教を掲げる守旧派にとっては、「最後の審判」といったユダヤ・キリスト教的教義を掲げるイスラムは、秩序を破壊する危険な勢力であり、イスラム教徒を迫害する圧力が高まった。危険を察したムハンマドは六二二年、ムスリム勢力を引き連れてメディナに移住(ヒジュラ＝聖遷)し、イスラム共同体を形成し始めた。この時を、カレン・アームストロングが「イスラムの誕生」と表現(『イスラームの歴史』中公新書、二〇一七年、原書二〇〇二年)するのも頷ける。イスラムは、個人の宗教というよりも、「ウンマ」といわれる共同体として意味を持つからである。

ムハンマドは六二二年に「メディナ憲章」(『世界史史料2』岩波書店、二〇〇九年)を発表し、メディナ住民との共存を意図する契約において「ユダヤ教徒の宗教と財産を保障し、義務と権利を明確にした」が、ユダヤ教徒との関係は微妙であった。当初、ムハンマドは一神教の長兄としてのユダヤ教に敬意を払い、融和的に向き合っていた。日々の礼拝に当たり、信徒たちには「メッカの方角(南)ではなく、北のエルサレムの方角に向けて行うように」指示していたという。しかし、ユダヤ教徒は「アラブ人は神の計画から締め出された存在」として「アラブ人の預言者」を認めなかった。つまり、アブラハムを大祖先とし、旧約聖書とモーゼを尊崇する同祖宗教における新たな預言者とは認めなかったということである。

ユダヤ教の教典トーラー、タルムードにおいて、ユダヤ人は強烈な選民意識に立ち、ユダヤ人以外を預言者としては認めない。六二二年、ムハンマドは「神の啓示」により、礼拝の方角をメッカとするように指示した。以来、イスラム教徒はメッカに向けての礼拝を始めた。ユダヤ教との決別であった。中東一神教の不幸な対立の淵源はここにあるといえる。

イスラムとは「服従」を意味し、全身全霊でアッラーに服従することに徹し、あの平伏礼は傲慢・思い上がりを制する象徴的な儀礼である。富の公平な分配や相互の思いやりを重視するウンマをすべての基盤とした。メディナで体制を整えたムハンマドは、六三〇年に一万人の信徒を率いてメッカを征服、カアバ神殿の偶像を破壊し尽くした。宗教指導者が政治的・軍事的統治者となって権力と権威を掌握するというムハンマド自身が実践した史実が「聖俗一体の共同体を目指す」というイスラムの原動力となっていくのである。

「片手にコーラン、片手に剣」の意味

二一世紀、突然「イスラム国」(IS)が登場し、イラク、シリアを混乱に巻き込み、テロや殺戮を繰り返すと、「イスラムは暴力的」というイメージが形成されがちである。また、一九七九年のイラン革命において、ホメイニ師なる聖職者が、唐突に政治の最高指導者として登場するのを目撃すると、その聖俗一体の権力に違和感を覚えながら圧倒される。こうした構図が蘇るのがイスラムの特質であり、その淵源はイスラム共同体の長としてのムハンマドが聖職者であり、同時に政治的・軍事的指導者として、メッカに突撃した史実にあることに気づく。

イスラムの教義は、神の意思の下での平和と公正、ウンマの平穏を求めるものだが、敵対する者には「片手にコーラン、片手に剣」で、妥協することなく「ジハード」(聖戦)を掲げて対峙する可能性があるということである。

メッカ征服の二年後、六三二年にムハンマドは死を迎える。後継者をめぐる展開がその後のイスラムに影を投げかける。初代カリフのアブー・バクルから四代アリーまでのカリフは、ムハンマド

を直接取り巻いたことのある指導者で「正統カリフ」と呼ばれるが、それ以後の対立が今日のスンニ派とシーア派の対立の淵源となる。カリフとはアラビア語で「代理者」「継承者」を意味し、ムハンマドの代理者としてイスラムの保全と政治を執行するという意味である。

六六一年にムハンマドの従兄弟で娘婿でもあった四代目カリフのアリーが暗殺された後、ウマイヤ家出身のムアーウイヤがウマイヤ朝(六六一～七五〇年)を開き、その後一四代にわたってカリフの座を独占する。アリーの系統の正統性を支持し、ウマイヤ朝に反発する勢力がシーア派イスラムの原点である。今日、世界のイスラム人口は約一六億人(世界人口比二一%)とされ、その約八〇%をスンニ派(正統派)が占め、シーア派はイランを中心に一五%程度である。

ウマイヤ朝は瞬く間に勢力を拡大して北アフリカを席巻し、ジブラルタルを渡って七一五年にはイベリア半島を制圧、七三二年にはピレネーを越えてフランク王国と激突する。フランク王国は「ラテン化したゲルマン」であり、ローマ教皇によってキリスト教化された存在であったが、ウマイヤ朝と戦うことが「キリスト教共同体としての欧州」とそれを束ねる中核としての自らの役割を自覚する契機となったのである。

ダマスカスのウマイヤ朝は七五〇年の革命によってアッバース朝に滅ぼされるが、アンダルシアのウマイヤ朝は後ウマイヤ朝(七五六～一〇三一年)として生き延び、アルハンブラ宮殿を拠点としたイベリア半島最後のイスラム政権ナスル朝が崩壊するのは、実に一五世紀末であった。欧州のトラウマとしてのイスラムが埋め込まれたのである。

(2019・5)

イスラムの世界化とアジア、そして日本

六一〇年にムハンマドが神の啓示を受けてからわずか一〇〇年、イスラムは「大征服」といわれる展開を見せた。ウマイヤ朝期、ビザンツ帝国からシリア、パレスチナ、エジプトを奪い、北アフリカを西に進んだイスラム軍は、七一一年にはジブラルタルを渡り、七一五年にイベリア半島を制圧する。ジブラルタルという地名はイスラム軍を率いて欧州に上陸した将軍タリクに由来し、ジャバル・アル・タリク(タリクの山)から転訛したという。また、東進したイスラムはササン朝ペルシヤ(二二四～六五一年)を滅ぼし、現在のイラン・イラクを席巻、七一一年にはインダス川下流域に到達した。さらに、中央アジアに動いたイスラムは、ソグド人たちを排除して、七一二年にはサマルカンドを攻略した。

ユーラシア大陸の下腹部に張り付いたイスラムが、巨大な宗教圏を形成して八世紀以降の世界史の重心となった。とりわけ、中東一神教として同根のキリスト教との激突が世界を突き動かしてきた。その最初の衝突が、ピレネーを越えようとしたイスラムとフランク王国の対決(七三二年)であ

り、この時、欧州に「キリスト教共同体」意識が芽生えたことは前節でも触れた。

世界史におけるイスラムの役割

そして、イスラムとキリスト教の第二の衝突が一一世紀末から二〇〇年に及ぶ十字軍であった。アナトリアのセルジューク・トルコの脅威に対して、ビザンツ皇帝の救援要請を受けたローマ教皇が「聖地回復の義務」(クレルモン宗教会議)を宣言、キリスト教側の価値に立てば崇高な使命に基づく進軍であったが、第四回十字軍によるコンスタンティノポリスの占領と略奪のごとく、次第に迷走し始めた。

十字軍は、ローマ教皇の権威をもって、「野蛮で残忍なイスラム」を排除する意図であったが、ロドニー・スタークの『十字軍とイスラーム世界――神の名のもとに戦った人々』(新教出版社、二〇一六年、原書二〇〇九年)が、「欧州の「無知」対イスラムの「文化」」と表現するごとく、欧州にとってイスラムの優れた文化力を確認する展開になった。

イスラムはヘレニズム文明の継承者となり、特にアッバース朝(七五〇~一二五八年)は、バグダッドに「知恵の館」という学術機関を作り、ギリシャの哲学、文学、医学、地理、天文学、数学、化学などの文献を集積、翻訳した。欧州では消失した文献のアラビア語からの再翻訳が、一四~一六世紀のルネサンスをもたらす契機となったのである。また、多くの欧州からの十字軍兵士が、ローマや聖地の現実を目撃し、教皇や皇帝の権威を相対的に認識する機会となったことが、一六世紀の宗教改革の伏線になったといえる。

十字軍の時代と微妙に重なり合うのがモンゴル帝国である。一二六〇年にはチンギス＝ハンの孫フレグ＝ハンが西アジアに侵攻しイル・ハン国を建てる。フレグはイランの地に留まり、三代目の王となったテグデルがイスラムに改宗、一二九五年、五代目のガザンからはシーア派イスラムを国教とする国になった。「モンゴルのイスラム化」であり、中国を支配した元王朝が「漢文明」と馴化したことと合わせ、変異するモンゴルという存在を考える上で重要である。

十字軍の攻勢は、一三世紀後半の第八回十字軍の時代に、十字軍への対抗意識を内在させて台頭したオスマン帝国によって終焉を迎える。一四五三年にビザンツ帝国はコンスタンティノポリスを征服されて滅亡する。それからは、欧州がオスマン帝国の攻勢に震え上がることになる。二度にわたるオスマン帝国によるウィーン包囲（第一回一五二九年、第二回一六八三年）で、当時の欧州の中核たるハプスブルク帝国は風前の灯となる。このトラウマが、欧州の人々の潜在意識にトルコへの恐怖感となって今日も続いているといえる。

雑誌『世界』で連載を続けている「一七世紀オランダからの視界」も、先行するポルトガル・スペインの背中をオランダが追う「大航海時代」を背景とするものだが、この大航海こそ、欧州がオスマン帝国を回避してアジアに接近する試みであったことはあらためて触れるまでもない。オスマン帝国は二〇世紀の第一次世界大戦まで七〇〇年間も世界史の重心となるのである。

第一次大戦によるオスマン帝国の解体から一〇〇年が経過したが、この間の中東を動かしたのは欧米列強による「大国の横暴」であった。英仏間のサイクス＝ピコ協定（一九一六年）に象徴されるごとく、列強の思惑で中東に国境線が引かれてきたのである。一九七〇年代には、英国のスエズ以東からの撤退（一九六八年）と米国のペルシャ湾支配へと移行したが、一九七九年のイランのホメイニ革命以降、湾岸戦争、イラク戦争を経て、米国の中東からの後退が続き、中東において静かに進行しているのは「シーア派イランとトルコの台頭」である。つまり、我々はイスラムの復権を目撃しているのである。

追記：そして、9・11のニューヨーク、ワシントンを攻撃した同時テロから二〇年が経ち、二〇二一年八月、アフガニスタンのタリバンによる陥落を目撃した今、超大国アメリカの後退と中東における地域パワーの復権を確認することができる。

アジアのイスラム——日本の死角

今日、アジアにおけるイスラム人口は、南西アジアに、パキスタンの二・〇億人、インドの一・九億人、バングラデシュの一・五億人をはじめとして約五・八億人、東南アジアに、世界最大のイスラム国家インドネシアの二・三億人、マレーシアの一九〇〇万人、フィリピンの五二〇万人、タイの三〇〇万人をはじめとして約二・六億人となっており、インド亜大陸から東南アジアにかけてのゾーンに約八・四億人のムスリムが存在している。一六億人といわれる世界のイスラム人口の過半がこの地域に生活しているのである。

中国にイスラム教が伝わったのは唐の時代の貞観二(六二八)年で、景教という形でネストリウス派のキリスト教が長安に伝わったよりも早いというのだから驚く。ムハンマドの死より五年も前のことである。現在、新疆ウイグル自治区を中心に、二六〇〇万人のムスリムが存在するといわれる。

インドへのイスラムの侵攻は七世紀末から八世紀にかけ開始され、七一一年には南のシンド地方を征服、イランからアフガニスタン経由の北ルートとともに南北からの二ルートで展開された。

一方、東南アジアには交易を通じて浸透した。一三世紀末以降、「商業の時代」を背景に、ペルシャやインドのイスラム商人が海を渡ってきた影響とされる。マレー半島南西部のムラカ(マラッカ)王国をはじめ交易の基点としての港市国家が成立、次第にイスラム化していった。ムラカ王国は、一四世紀末にはマルク諸島の香辛料(丁子)、ジャワの胡椒などの交易拠点となり、一五世紀の明の永楽帝による鄭和《ていわ》の大航海(一四〇五〜三三年まで七回)が立ち寄った頃には、人口一〇万人の都市になっていたという。そして一五〇九年、ポルトガル人が来航することによって、西欧主導の「大航海時代」を迎えるのである。

イスラムに取り囲まれた江戸期のバタヴィア

江戸期の日本、長崎の出島の主役だったオランダ東インド会社のアジアでの中核拠点は、インドネシアのジャワ島のバタヴィアであり、一七世紀に東インド会社が進出した時には、この島にもイスラムが浸透していた。つまり、イスラムに取り囲まれながらバタヴィアは存在したのである。

一六〇二年に設立されたオランダ東インド会社は、一六〇三年にマレー半島パタニに商館を設け、一六一九年にはジャワ島ジャカトラをバタヴィアと改称、総督を配置した。長崎出島に教会はなかったが、バタヴィアには一六三二年に建てられた。十字教会で、カルヴァン派の教会であった。オランダ東インド会社は一六二二年に「イエスの王国に栄光あらしめること」を指示、本国の教会を支える方針を示したが、ポルトガル・スペインのアジア進出が交易と「カトリック宣教」を一体とするものだったのとは異なり、オランダ人は実利優先で宗教には冷淡であった。そのことが、オランダだけが「鎖国」下の日本において交易を許された理由でもある。天草・島原の乱(一六三七〜三八年)において、原城に立てこもったキリスト教徒に対して、幕府の要請を受けてオランダは陸と海から数百発の砲撃をしたのである。

田中優子は『近世アジア漂流』(朝日新聞社、一九九〇年)において「したたかなバタヴィアの共存力」として、江戸期のバタヴィアという場所が、「一攫千金をめざすヨーロッパ人とアジア人がうごめき、まじわり、混血する場所」と表現するが、この頃のバタヴィアの雰囲気を的確に捉えているのであろう。『バタヴィア城日誌』(全三巻、村上直次郎訳、東洋文庫、一九七〇〜七五年、原書一九三七年)に目を通すと、現世的利益に専ら関心を抱いて生きていた人々の姿が理解できる。

その江戸期にバタヴィアを見た日本人が何人かいる。一人は数奇な運命を辿った「ジャガタラお春」である。一六二五年、ポルトガル船のイタリア人乗組員と日本人女性との間に生まれ、幼少期に洗礼を受け、一四歳の年、家族等一一人とオランダ船でバタヴィアに追放、オランダ東インド会社商務員のシモンセンと結婚、三男四女をもうける。日本へ郷愁を込めた「ジャガタラ文」を送ったが、一六九七年に死去したという。ジャガタラとは「ジャガ芋」の語源でもある地名だが、キリシタン追放令で運命を弄ばれた人たちがいたのである（井口正俊『ジャワ探究——南の国の歴史と文化』丸善プラネット、二〇一三年）。

もう一人は、博多の蘭学者青木定遠が『南海紀聞』（一八一九年）に紹介している筑前の漁師孫七である。孫七の漂流体験は七年に及び（一七六四〜七一年）、難破の後、ミンダナオの海賊に救われ、ジャワ島を経てオランダ船で帰国した。イスラム教徒が西方に向かって毎日礼拝する様子が伝えられており、異様な印象を受けたようである。

大川周明のイスラム研究

江戸期にイスラムが日本に上陸することはなかった。キリスト教の禁制が同じ中東一神教のイスラムも封殺したことになる。明治期に入って、イスラムの宣教者の来日も記録されているが、初めて日本人ムスリムとしてメッカ巡礼に参加したのが山岡光太郎といわれ、一九〇九年のことであった。明治以降も日本におけるイスラム理解は深まらず、アジア太平洋戦争期、日本軍の南進により東南アジアが軍政下に置かれるに至って唐突に「回教徒対策」が浮上した。大日本回教協会などの協力を得て、現地イスラム団体との連携を模索したが、結局付け焼き刃に終わった。

日本におけるイスラム研究者で特筆すべき存在が大川周明であろう。大アジア主義者で「大東亜戦争」のイデオローグでもあった大川は、三〇年にわたるイスラム研究を集約し、戦時中の一九四二年に『回教概論』（慶應書房）を出版、その前書きに「今や大東亜共栄圏内に多数の回教徒を包容するに至り、回教に関する知識は国民に取りて必須のもの」と述べている。敗戦後、「梅毒性脳症」によって戦犯から外された後、異様な執念でコーランを翻訳したのも、彼なりの戦争への総括と省察があったといえる。『回教概論』において、「回教は宗教に非ず、文化体系の総合」と大川は論じるが、アラビア半島に生まれたイスラムがアジアの、そして日本の命運をも左右する存在になっていることに大川は気づいていたのであろう。

（２０１９・７）

III 仏教の原点と日本仏教の創造性

宗教論において、仏教は「無神論」に括られることが多い。また、比較宗教論において、「仏教は宗教ではない。全体知と心の奥底を探究する主知主義という意味において思想である」と論じられることもある。確かに、何を「仏教」とするかによって仏教に対する考え方は変わる。

日本人は一四〇〇年以上も仏教の影響を受けてきたが、ブッダが約二五〇〇年前に拓いた仏教と多くの日本人が理解する大乗仏教は違う。インドで仏教関係史跡などを見る機会を得て「原始仏教」といわれるもののイメージが、我々が触れ合ってきた仏教とは大きく異なるという印象を受けた。

仏教の原点と世界化への基点

人間ブッダを見つめて——仏教の原点の再確認

仏教の原点を確認するために、まず、生身の人間としての釈迦（BC四六三〜三八三年頃）に思いを馳せてみたい。ブッダとは「目覚めた者」という意味であるが、釈迦は古代北インドのカピラ王国のシャカ族（SYAKA）の王の子として生まれた。BC一五〇〇年頃にアーリア人（中央アジア遊牧民）がインド亜大陸に侵攻、釈迦はアーリア系と先住民の混血とされる。

釈尊として世界約四億人の仏教徒の崇敬を集めるブッダだが、もし、この人物が至近距離に存在していたならば、その身勝手な生き方に疑問を抱くであろう。生後七日で母を失い、一六歳で結婚、ラーフラと名付けた男子をもうけるが、瞑想的性格が昂じ、二九歳で妻子を捨て、「善が何であるか」を求めて出家、「老いと病と死」という人間の苦しみを見つめて三五歳で悟りを開き、以後、八〇歳までの四五年間、ガンジス川のほとりの中部インドを布教して歩いたという。

ブッダは出家の後、二人の師の下で禅定（瞑想）によって解脱を得ようとしたが果たされず、次に肉体を極度に苦しめることで精神の自由を得ようとする「苦行」に打ち込んだ。徹底した不殺生のための断食、イバラの上に座したり直立不動を続けたり、といった修行を試み、釈迦修行像のごとく、骨と皮だけになってしまった。にもかかわらず解脱は得られず、ブッダは川で沐浴をし、村の少女スジャータが差し出した乳粥で体力を回復し、菩提樹の下で七日間、思索・瞑想の後、悟りに至ったという。

当時のインドにおいて「出家」という生き方は特異なものではなかった。悩み深い若者にとって、流行りの生き方というか、社会的風潮ともいえた。山崎守一の『沙門ブッダの成立――原始仏教とジャイナ教の間』(大蔵出版、二〇一〇年)など原始仏教に関する文献を読むと、ブッダの時代のインドは、四姓制度(カースト制)の最上位階層たるバラモン中心社会で、ブッダもバラモン教を基礎としながらも、それでは満たされぬ修行僧(自由思想活動家)たる沙門の一人となった。

不思議な話だが、出家してから七年目、つまり悟りを開いた翌年、ブッダは一度故郷に帰り、父親たる王、そして妻子とも再会している。釈迦の実子ラーフラは、出家し戒律を授けられ、ブッダの十大弟子の一人に数えられており、無責任に家族を突き放したわけではなく、縁をつないでいたとみられる。ただし、肉親への愛・執着という次元を超えた「慈悲」がブッダの意思であったことも確かである。

ところで、もし釈迦が出家することなく王子の人生を生きたならば、彼のシャカ族の王国がコーサラ国の将軍ヴィドゥーダバによって滅ぼされる運命に巻き込まれ、亡国の悲哀に直面するか、あるいは剣をもって圧力を跳ね返して「轉輪王《てんりんおう》」(古代インド世界を統一する理想王)となっていたかもしれない。いずれにせよ、「血みどろの人生」を政治的人間として生きたであろう。だがブッダは政治的争いを拒否し、非政治的人間として「解脱」の道を生き、そのことがあらゆる政治権力を超越して「仏教的価値」を屹立させる基点となったのである。ブッダが政治と距離を置いて、「善なるもの」を求めて内なる力を探究したことにより、仏教は権力を相対化する力を内在させたといえる。

四五年間の伝道を終え、涅槃に入るブッダの最後の言葉は「自燈明、法燈明」(自分自身を拠り所として生きよ、ブッダの教え(法)を拠り所として生きよ)であった。最後の二五年間、傍に侍者として仕えた弟子アーナンダへの言葉である。仏教最古の文献(BC四〇〇~三〇〇年以前の文献)とされる『スッタニパータ』などを読むと、生身のブッダの息遣いが感じられる。——「ひとり離れて修行し歩くがよい。あたかも一角の犀そっくりになって」——「いかなる存在をも根本的なものとして絶対視することなく」という言葉が心に残る。

スッタとは「経」、ニパータとは「集」、つまり「経集」で、ブッダの死後、十大弟子を中心に「結集」(釈迦の教えを継承する試み)がなされ、パーリ語聖典として、南方上座部仏教に伝わった。日本人は「大乗仏教」をブッダの教えと思いがちだが、修行者に残したブッダの生の声は「南伝の上座部仏教」に残っているのである。ただ、それだけでは仏教は世界宗教にはならなかったであろう。

人間としてのブッダを見つめるならば、真摯に自らの心の内奥を問い詰め、欲望や苦悩からの解放を探究した修行者の姿が浮かぶ。ブッダ最後の言葉「自燈明」は、まさに本音であろう。衆生の救済を語る前に、まず自らの心の制御に向かう意思に「ブッダの仏教」の本質があるといえる。

その後、ブッダの仏教は「大乗仏教」へと変化する。ただし、それはあくまでもブッダの思索や意識を追体験した後世の弟子たちが、ブッダの悟りに至る思考基盤と格闘し、「加上」させた教理である。

大乗仏教の登場——救済の宗教への転換

「大乗」とは「大きな船」の意で、仏教がより多くの衆生の救済を視界に入れる方向に変化したことを意味する。中央アジアから中国、朝鮮半島、日本へと伝来したのが大乗仏教で、対照的概念として「小乗仏教」という表現があったが、見下したような響きがあるため、近年は「上座部仏教」という表現が使われている。「上座」とは出家者のことで、この上座部仏教こそスリランカ（BC三世紀頃）、ミャンマー（一一世紀頃）、タイ（一三〜一四世紀頃）などに伝わった「南伝仏教」で、修行者（沙門）としての悟りの道を探究した「ブッダの仏教」を伝える正統派といえる。

中東一神教における『聖書』『コーラン』のような唯一の教典がなく、絶対神を中心に据える原理もなく、心の内側に向かう主知主義（気づきの探求）に重きを置く仏教は、多様な解釈がなされる可能性を内包しており、「加上」のプロセスこそ仏教の真髄ともいえる。

「救い」の思想を拒否していた仏教が、何故「衆生の救済」に向かったのか。それはブッダの死後、五〇〇年が経過する社会状況の変化の中で、仏教も修行者の宗教だけではいられなくなったということであろう。BC三一七年頃、チャンドラグプタがマガダ国を滅ぼし、マウリヤ王朝を創始、その孫にあたるアショーカ王(在位BC二六八～二三二年頃)の頃、王朝は最盛期を迎え、インド空前の大帝国を形成した。そのアショーカ王が仏教に帰依、仏法に基づく「正法国家」の建設に力を注いだ。仏教教団も盛大となり、それが教団分裂の伏線となった。宗教の政治化は必ず「権力に取り込まれるもの」と「それを拒否するもの」との断裂を生むのである。

「空」への視界を体系化した龍樹

大乗仏教の誕生に大きな役割を果たしたのが龍樹(ナーガルジュナ、一五〇～二五〇年頃)であった。本書Ⅱ「キリスト教の世界化とローマ帝国」で「キリスト教を世界化させた基点が使徒パウロである」と述べたが、仏教を世界化する理論的基盤を構築した人物が、大乗系八宗の始祖とされる龍樹である。近年の研究では、龍樹という存在は一人ではないとする複数人説が定説のようだが、仏教思想の柱である「空」への視界を体系化した存在である。

「空」とは「存在するものには実体がない」という考えに立ち、あらゆる執着からの解放(とらわれない心)を志向する視座である。大乗仏教を凝縮したともいえる般若心経の冒頭が意味する「観自在菩薩は、完全なる智慧の完成に向けた実践において、存在するものすべてに実体がないと見抜き、一切の苦悩や災禍を取り除いた」という世界観を産み出した。無常なるものを常であると執着し、もがき苦しむことからの解脱を示唆しているのである。写経などを通じて多くの日本人に知られている般若心経だが、「般若」は「完全なる智慧」(全体知)を、「波羅蜜多」は「完成」を意味するという。実体のないものに執着せず、「完全なる智慧」に近づく意思を込めた経典なのである。

二一世紀の現在、存在すると思い込んでいるものが「空」であるという視界は、デジタル革命の中で常態化し、むしろ違和感なく受け止められるのではないか。バーチャル・リアリティにおいて仮想と現実の境界は一段と不明となり、自分に不都合な情報はすべて「フェイク」(虚構)として否定する大統領トランプが米国に登場、さらに、若者の世界におけるアイドル、キャラクター、ゲームといわれるものへの感情移入の激しさ——、我々は、虚構を虚構と知りながらも埋没する心性に陥りつつある。

積極的に虚構を受け入れる心性の先にあるものは何か。おそらく、それは虚構の陰に進行する不条理を見抜き、拒否する力を見失わせ、現状を変革する意思を霧消させるであろう。「空」を認識し、我執を制御することを目指した大乗仏教は、新たな真価を試される局面にある。「イマ、ココ、ワタシ」だけを優先させる虚偽意識に埋没することからは、二一世紀における「衆生の救済」は進まないからである。

仏教と接近する科学

脳科学の進化によって、脳が意識を構成するメカニズムが検証されるにつれ、仏教における「唯識」が新たな意味を浮上させている。脳神経外科医である浅野孝雄の『古代インド仏教と現代脳科学における心の発見』（産業図書、二〇一四年）は「複雑系理論に基づく先端的意識理論と仏教教義の共通性」を検証するものとして興味深い。

「唯識論」を大成させたといわれるのが世親（ヴァスバンドゥ、四〇〇～四八〇年頃、諸説あり）であり、大乗仏教における「唯識」論は人間の意識の深奥を極める志向である。人間の意識には、眼識、耳識、鼻識、舌識、身識という五つの識の他に、六識としての「理知、感情」に加え、七識としての「末那識」（自我意識）、さらにその奥に潜在する八識としての「阿頼耶識」（虚妄分別）があるという視界が存在する。七つの識下に「特異点」（Singularity）を超した思考が創発されることを意味する「阿頼耶識《あらやしき》」が、大脳皮質ニューロンの創発作用と呼応することが科学的に解明されつつあるという。

人工知能を探究するコンピュータ科学と脳を解明する脳科学、さらに人間の心の奥底を制御しようとする仏教という三つの研究の接点が拡大しているといえる。そうした研究のシナジーが人間社会にいかなるパラダイム転換をもたらすかはまだ不明である。

（2019・8）

仏教伝来の道　漢字になった経典の意味

百済の聖明王によって日本に仏教が伝えられたのは五三八年とされ、ブッダの入滅の年、ＢＣ三八三年から千年近くが経過していた。この時間の意味を注視することで、我々日本人が身につけた仏教とは何かを考えておきたい。

朝鮮半島の百済に中国・東晋から仏教がもたらされたのが三八四年という。さらに、その中国に仏教が伝来したのは、史書によれば後漢の明帝の時代の紀元六七年に大月氏国（中央アジアの古代民族、現在のウズベキスタン、タジキスタンの南部とアフガニスタン北部にあたり、南東をガンダーラに接する）からブッダの教えを集約した『四十二章経』が伝わったとされる。

紀元前二世紀には「シルクロード」が開かれており、インドと中国を結ぶ回廊によって、仏教も多様な形で中国に伝わっていたようである。つまり、ブッダが悟り、布教していた時代から約五〇〇年で仏教は中国に至り、さらに五〇〇年を要して日本に辿り着いたのである。ブッダの死から約千年の経過の中で、仏教はどう変質していったのか、それは我々自身の中を流れるユーラシアの風を確認することでもある。

紀元一世紀頃の世界を見渡すと、この頃「救済の宗教」が動き始めたことがわかる。ユダヤ教から普遍的愛を語るキリスト教が登場したごとく、自己の解脱を目指す「ブッダの仏教」(初期仏教)から他者の救済をも視界に入れた大乗仏教が登場した。人類史的にいえば、定住革命から約八〇〇〇年を経て人間社会の政治的関係が複雑化し、部族、民族を超えた国家体制たる「帝国の登場」(ローマ帝国、クシャーナ帝国、古代イランのパルティア帝国など)という局面を迎え、人々の心に部族・民族を超えた「救済」を求める志向が芽生えた。人間の内なる世界に厳しく向き合い、弟子たちを突き放すように「自燈明」(自らを照らせ)と言い残して入滅したブッダの思想は、大乗、つまり「衆生救済の大きな船」に向かい始めたのだが、それを必要とする「救済を求める心」が存在していたといえる。

中央アジアを経由した仏教——シルクロードを越えて

イラン系騎馬民族クシャーンは、大月氏国に服属していたが、紀元一世紀後半に大月氏を倒してクシャーナ帝国を形成し、紀元一世紀末には「パックス・クシャーナ」の時代を迎えた。インド西北部のガンダーラから中央アジア、敦煌など中国北西部を版図とし、最盛期の王カニシカが仏教に帰依し、中国に仏教を本格的に伝える触媒となった。ローマ帝国との交流でもたらされた金貨に王とブッダの姿を刻印し、シルクロードに仏像など仏教美術を花開かせた。

本来、偶像崇拝を否定し、内なる気づきに向かう「ブッダの仏教」においては、仏像は存在しえなかった。ブッダ入滅後、仏舎利(釈尊の遺骨)を八つに分けて八つの仏塔を建てたことで、「仏塔」(ストゥーパ)は大切にされたが、「仏像」は存在しなかった。仏教が「救済の宗教」という性格を帯びるにつれ、「ブッダの姿を見たい」という衆生の願望を受けて、救済者を象徴する像が求められ、紀元一世紀頃にガンダーラとマトゥラーで仏像が創られ始め、中央アジアに仏教美術が花開いた。

シルクロードはタクラマカン砂漠で西域北道と西域南道に分かれ、オアシス都市を繋ぐ形で、敦煌で合流、玉門関を経て中国に入る。ローマ帝国、インド、中国を結節するルートであり、西域南道にはミーラン遺跡(三~四世紀)、楼蘭遺跡、ホータン遺跡群(三~七世紀)、西域北道にはキジル石窟(三~八世紀)、そして中国の西域の出入口たる敦煌には莫高窟(四~九世紀)が残っている。インド側の起点、カシミールにはバーミヤンの大仏があったが、二〇〇一年にイスラム過激派集団タリバンによって爆破されてしまった。西域仏像にはヘレニズムの影響を色濃く残すものが多く、顔立ち、頭髪、衣服など、ユーラシアの交流を投影している。

中央アジアを経由することで、仏教は世俗社会との関係を深め、「衆生救済」「国家鎮護」という性格を帯び始めた。仏像の発展もその象徴といえる。修行による自らの解脱に専心するよりも、あるいは仏教教理を深く受け止めるよりも、直接的な救済の希求に傾斜し、仏菩薩像に「南無」(帰依すること)と念ずるという「行法の単純化」が図られた。また、多様な部族宗教との接触、融合によって、仏教は民族の特性を反映するものとなっていった。

紀元七世紀以降、イスラム教が浸透し、九世紀から一〇世紀にかけて、中央アジアから仏教が消えた。一三世紀にはモンゴルが中央アジアを席巻する。モンゴルはチベット仏教の影響下にあったが、宗教には寛容であった。そして、中央アジアというフィルターを通じて中国に伝わった仏教は「経典の漢字への翻訳」を通じて、まったく新たな局面を迎える。

中国の仏教受容の歴史——漢字文化圏の仏教の意味

中国への仏教伝来は前記のごとく紀元六七年とされるが、前漢の時代(BC二年)に、大月氏の使者・伊存によってもたらされたとの説もあり、紀元前後には中央アジアから仏教が流入していたと考えられる。中国において、仏教は大きく変化した。何よりも、民衆に定着していた在来思想としての儒教、道教との葛藤と結合を通じた「仏教の中国化」が進んだ。

中国への仏教伝来の初期、道教の黄老思想と結びつけられ、ブッダは「不死の存在」とされ「不老長寿と福を祈る教え」として受容された。また、「老子化胡説」(老子がインドに行ってブッダとなったという説)や「三聖化現説」(孔子、老子などの中国の聖人はブッダの弟子だったという説)が生まれたという。儒教の孔子(BC五五二~四七九年)は紀元前六~五世紀の人であり、道教の老子は「孔子より一〇〇年後の人」とするのが有力だが、たとえば、儒教の「孝経」の影響を受け、先祖への供養を大切にすることを仏教も受容する形で定着したのが「盂蘭盆《うらぼん》」だという。また、大乗仏教の中核たる「空」という概念も、中国伝来初期には、道教における「無」と受け止められ、「無生」「無相」

などの造語で説明された。

仏教の中国化において最重要の要素が、漢字による仏教理解をもたらした翻訳である。本来、インドは「インド＝ヨーロッパ語」という文明圏に属し、宗教観、価値観が言語となって存続しており、中国の漢字に表象された儒教・道教などの体系とはまったく異なる世界であった。そのインドに生まれた仏教という思想を漢訳することはきわめて困難な壁であった。

そのことを深く掘り下げたのが、船山徹『仏典はどう漢訳されたか――スートラが経典になるとき』（岩波書店、二〇一三年）であり、訳と意訳を組み合わせ、漢字で仏教思想を伝えようとした先達の試みの意味が心に迫ってくる。我々「漢字圏」に生きてきた人間が、いかに仏典由来の漢字に囲まれてきたか、たとえば『世界』という雑誌の名も、「縁起」などと同じく仏教語（仏典の漢訳のために作られた言葉）であり、文字通り我々の「世界観」の起点となっているのである。

最初の仏典漢訳者は安息国（パルティア）出身の安世《あんせ》高《こう》（二世紀）とされる。三世紀末には初期仏教の仏典翻訳者として、大月氏系で敦煌生まれの竺法護《じくほうご》（二三九～三一六年）が活躍、四世紀後半になって本格的な仏典漢訳者として亀茲（クチャ）国出身の鳩摩《くま》羅什《らじゅう》（クマラジーヴァの音訳、三四四～四一三年）が登場、三五部二九七巻の経典を漢訳したという。鳩摩羅什までの訳を「旧訳」といい、鳩摩羅什は旧訳の雄とされる。鳩摩羅什と並ぶ仏典漢訳の巨頭が唐の玄奘三蔵《げんじょうさんぞう》法師（六〇二～六六四年）で、ここからが「新訳」とされる。法相宗の開祖とされる玄奘は六二九年、インドに向かい、一六年間滞在して六四六年（日本の大化の改新の翌年）に帰国、経典の漢語翻訳に優れた足跡を残した。六四九年に大乗仏教の象徴的概念を凝縮した「般若心経」を訳出、今日の日本でも最も知られる経典となっている。「空」という概念を浸透させた「色即是空・空即是色」と、「応無所住・而生其心」(とらわれないこころ)という訳語は天才的閃きの結晶であろう。

「零」と「空」の同根性について

「空」は、何ゆえ道教の「無」とは異なるものとして「空」と訳されたのか。このことを考えていて重要なことに気づいた。「空」はサンスクリット語の「シューニャ」(śūnya)の中国語訳だが、このシューニャは数字のゼロのことでもあるというのだ。インドにおける「ゼロの発見」と仏教の「空」は基を一にする。このことは思索を駆り立てずにはおかない。

岩波新書の名著に吉田洋一の『零の発見』という本がある。一九三九年発行だから八〇年以上も前の作品だが、インドの記数法における「ゼロ」の発見が、アラビアそして欧州の数学、科学技術に革命的影響を与えたことを論じた作品で、目を開かれた記憶がある。つまり、六世紀のインドにおいて、位取りの記数法に「ゼロ＝0」という概念が生まれ、七世紀のインドの数学者ブラーマグプタの書に「いかなる数にゼロを乗じてもゼロ」という考え方が記述されているという。吉田はインドの記数法におけるゼロの登場を、インドの宗教・哲学思考における「空」と結びつけることには踏み込んでいないが、かの龍樹が「空」なる視界を体系化したのが三世紀の前半とされ、大乗仏教思想における「空」という思想が、記数法における「ゼロ」に投影されたと考えるのは不自然ではないと思われる。何故なら、「空」も「ゼロ」も、決して「無」ではなく、「空」「ゼロ」として存在・機能する概念だからである。現代科学の基点ともいえる「ゼロ」なる概念と仏教思想における「空」が同根であるという事実は重い。空は決して無ではない。「色即是空」が「空即是色」としてポジティブに反転する意味を潜在させ、空は「万物を生み出す母胎」という両義性をもつ。数理における零が無限大につながるごとく。

ところで、漢字で経典を理解することの意味を考える時、「漢文字の魔術」を語っていた鈴木大拙を想い出す。大拙についてはⅦで詳述するが、彼の『大乗仏教概論』は、一九〇七年、三七歳の時に英語で書かれた作品で、九六歳まで生きた大拙だが、「未熟な作品」として翻訳を望まなかったという。欧米人に仏教を理解させるための「単純化」も目立つが、仏教の特性として「無神、無霊魂」を抽出し、絶対神を掲げるキリスト者たちの度肝を抜いた若き大拙の意気を感じる。

大拙は後年、表意文字たる漢字で考えることの「アジア的思考」の重要性を指摘していた。『東洋的な見方』(上田閑照編、岩波文庫、一九九七年)において、西洋的見方は「分割的知性」であり、分割は知性の基点で、主客分別することで「一般化、概念化」という知が成り立つとする。一方、東洋的見方は「主客未分化」で、自然という全体の中で生かされていることを意識して「円融自在」の視界で思考するとし、漢字という表意文字で思考することの意味を語っていた。我々も、たとえば「般若心経」における「観自在」とか「色即是空」という文字を見つめると、象徴的概念の意味が湧き上がる体験をする。それが中国を経た仏教の意味かもしれない。

(2019・9)

仏教の日本伝来とは何か

日本への仏教伝来が、六世紀の東アジアの政治力学を投影しており、さらに日本の仏教受容が当時の大和王朝内の政治力学を反映するものだったことを確認しておきたい。そして、仏教が政治権力と結びついて伝搬する一方、その教理の真髄に、人間の内面を省察する「気づきの宗教」という性格を内在させているために、「招福神」として伝来した仏教が権力をも超越し、日本精神史の基底を形成したことに気づくのである。

朝鮮半島の仏教史——三韓それぞれの受容

仏教は朝鮮半島に四世紀末の「三韓」といわれた三国時代に伝来した。この頃の中国は「五胡一六国」といわれる時代で、漢民族支配の時代から、非漢人の北方・西方民族が力をつけ、民族の複合化が進み、統一王朝による縛りのない中で外来の仏教が周辺にも浸透していったといえる。

まず、高句麗には三七二年、前秦の王が僧・順道を派遣する形で仏教が伝えられたという。三九二年には広開土王が平壌に九つの寺院を建てたと記録され、六世紀の平原王の時代には北斉に僧・義淵を派遣するなど、仏教が深く受容されていたことが窺える。三国時代の高句麗の版図は現在の北朝鮮より大きく、山東半島を含む中国東北部からアムール川南岸までに及ぶ。七世紀に高句麗が新羅・唐の連合軍に敗れ滅亡した後、満州ツングース系の国家として渤海国(六九八〜九二六年)が興ったが、その支柱は高句麗復興を目指す高句麗の遺臣たちだった。日本に仏教を伝えた百済には、三八四年の枕流王の時代に東晋から仏教がもたらされ、仏教国家として歩み始めた。百済は高句麗、新羅との緊張を背景に日本への接近を図った。仏教は日本を惹きつける先進的文化・文明の象徴であった。百済も六六〇年に新羅と唐の連合軍に敗れ滅亡する。その遺臣は、日本に亡命していた王子の余豊璋《よほうしょう》を擁立して日本との連合で復活を試みるが、白村江の戦い(六六三年)で新羅・唐連合軍に再び敗れた。この頃、多数の百済からの渡来人が日本に身を寄せ、百済王氏という姓を与えられた氏族も生まれた。桓武天皇(在位七八一〜八〇六年)の母がこの百済王氏の出身で、天皇はその一族を「外戚」と宣言している。

　白村江の戦いは日本と百済の関係の深さを示しており、中大兄皇子(のちの天智天皇)の指揮の下、上毛野《かみつけの》稚子《わかこ》等の率いる二万七〇〇〇人の軍勢を派遣した。その敗戦の衝撃は大きく、律令国家体制の整備に真剣に取り組む契機となった。白村江の戦いとその日本の歴史へのインパクトについては、本書Ⅴ「日本と天皇の始まり――天武・持統期の革命性」において、より深く論究している。

　朝鮮半島東岸の新羅には五世紀前半になって高句麗を通じて仏教が伝来し、法興王の時代、五二八年に公認した。朝鮮半島の仏教史を貫くのは王権の主導による受容である。王権の強化と中央集権統治のため、「一次元上の聖徳による統治」という正当性が必要だったということであろう。

現在の韓国の宗教状況が、キリスト教二八％、仏教一六％、無宗教五六％(二〇一五年推定)とされ、李氏朝鮮王朝時代(一三九二〜一九一〇年)の朱子学重視により「儒教の国」というイメージを抱きがちだが、あらためて朝鮮仏教史に触れてみると、その教理研究のレベルの高さを印象づけられる。七世紀に聖徳太子の師となった慧聡《えそう》、日本の初代僧正となった観勒《かんろく》はともに百済僧である。朝鮮半島の仏教史は日本ではあまり知られていなかったが、近年研究が深まり、金龍泰『韓国仏教史』(春秋社、二〇一七年)など翻訳された好著もあり、正確な知識が確認できるようになった。

朝鮮半島の仏教史を振り返ると、慶州仏国寺を建立し鎮護国家仏教を重んじた統一新羅時代(六七六〜九三五年)、仏教を国教化した高麗王朝時代(九三六〜一三九二年)と約七〇〇年にわたる隆盛期を経て、仏教教学も深まり、民衆にも浸透したことがわかる。この間、多くの僧侶が中国のみならずインドにまで留学している事実に驚かされる。モンゴルの影響を受けた高麗王朝をクーデターで倒した李氏朝鮮王朝の時代を迎えると、「儒教国家」が標榜され、「儒仏交替と廃仏」という試練の局面を迎えるが、仏教は民衆の中を生き続けた。

日本への仏教伝来——招福神として

『元興寺縁起』によれば五三八年、『日本書紀』によれば五五二年、いずれにせよ欽明天皇期に百済の聖明王によって、高度の文明の象徴としての仏像と経典と仏具が日本にもたらされたという。渡来人たちによる個別的伝来は先行していたと思われるが、国家的伝来という意味での仏教の到達である。この仏教伝来こそ、この時点での東アジアの政治力学を投影するもので、百済の意図は、先述のごとく日本との親交を深め、三韓の中での優位性を高めようというものであった。

『日本書紀』における百済の聖明王の上表文をみると、仏教は「無限の福徳果報」を生み、「祈ることが何でも叶う」と語られ、「招福神」として紹介されたことがわかる。この時、欽明天皇は礼拝すべきか否かを群臣に下問した。百済系の豪族たる蘇我稲目《そがのいなめ》は「諸国が信奉している」として受け入れを進言、物部尾輿《もののべのおこし》と中臣鎌子《なかとみのかまこ》は「外国の神」を祀るならば「国神の怒りを招く」として否定、迷った天皇は、とりあえず稲目に預けて礼拝させることにした。稲目は向原の家を清めて寺にして仏像を祀った。ところがその後、疫病が流行り、五八五年、それを仏教のせいだとする意見を受け、敏達天皇は仏像を難波の堀江(当時の外国との交流の出入口)に廃棄させ、向原の寺を焼き打ちしたが、天皇の大殿が火災に襲われ、敏達天皇は疫病で死んでしまった。

崇峻元年(五八八年)、蘇我馬子は物部守屋《もののべのもりや》を討伐、崇仏派が巻き返しを図る。この年、馬子は日本最初の出家者、善信尼を百済に留学させるのだが、日本初の仏教者が女性であった事実は、卑弥呼伝説のごとく女性が祭祀の中心にあった日本において、初期仏教がどのように受け止められていたかを考える上で興味深い。善信尼は五九〇年に帰国、大和桜井に寺を構えたという。同じく崇峻元年、本格的な寺院建設の勅令が出され、蘇我馬子にその役が託された。百済から僧六人、大工、瓦師が来日、塔の心礎に仏舎利が収められたのが推古天皇元年（五九三年）で、五九六年に完工したのが元興寺（現在の飛鳥寺）である。六〇五年に大仏建立の詔勅が出され、百済から招かれた止利《とり》仏師によって六〇九年に日本最古の仏像たる飛鳥大仏が創られたのである。私自身、何度となく大和三山を見渡す明日香の甘樫丘《あまかしのおか》の麓、飛鳥寺を訪れ、飛鳥大仏を見つめてきた。大和を愛した歌人、会津八一の歌集『南京新唱』に、「みほとけ の うつらまなこ に いにしへ の やまとくにばら かすみて ある らし」がある。「香薬師を拝して」とあり、新薬師寺で詠まれたというが、私には飛鳥大仏の表情が想い浮かぶ。ヘレニズムの影響を残す端正な表情――シルクロードを越え、中国、朝鮮半島を経て大和の地に根付いた日本仏教の原点を見る想いで、「日本はユーラシアとのつながりで形成されてきた」ことを実感する。

神仏習合の起点としての聖徳太子

さて、仏教伝来を日本宗教史の中であらためて熟考するならば、百済系渡来人に連なる蘇我氏が普遍的宗教としての仏教の受容を主張し、宮中祭祀に関わる物部、中臣氏が拒否するという構図が浮かび、仏教対古来の神道の対立という見方に傾斜しがちとなる。しかし、仏教伝来の当時、宮中祭祀はあったが、体系的「神道」はなかった。つまり、仏教伝来という刺激が神道を形づくったといえる。本格的に天皇主導の仏教になったのは、六三九年に最初の官寺百済大寺を建立した舒明天皇、六四五年の大化の改新後に即位し、「天皇が仏教を主導する」と宣言した孝徳天皇、薬師寺を建立した天武天皇（在位六七三〜六八六年）あたりからであろう。仏教伝来は先進文化の伝来でもあった。教義・経典もさることながら、文物、土木技術、寺院建築、薬剤、医療、絵画、音楽の伝来でもあり、その上に日本文化が形成されたのである。

日本における仏教の受容に際立った役割を果たしたのが聖徳太子である。ただし聖徳太子という人物は伝説と謎に包まれており、その実在を否定する説や、「厩戸皇子《うまやどのみこ》」という呼び方が「キリストの出生」と類似していることから、景教の影響を指摘する説（明治期の久米邦武説）なども存在する。

確かに、「聖徳太子」の名は「書紀」には見えないが、用明天皇の息子で、推古天皇の皇太子として、名は「厩戸皇子」、別名「上宮」「豊耳聡聖徳」「法主王」などさまざまな名で呼ばれた、常人を超えた聖人の存在が日本精神史には必要だったと考えるべきであろう。つまり、決して天皇にはならなかったが、摂政として、「十七条の憲法」「冠位十二階」を制定し、遣隋使を派遣するなどの事績を残した青年指導者、そして仏教教理の最初の理解者という象徴的な存在が求められたのである。聖徳太子には二人の仏教の師がいたという。高句麗からの慧慈、百済からの慧聡であり、太子の仏法の教義理解は深く、単なる「招福神」としてではなく、真剣に「三宝興隆」（仏法僧を崇敬する姿勢）を主導した。太子の仏教理解は、妃であった橘大郎女《たちばなのおおいらつめ》が描かせた天寿国繡帳にある「世間虚仮、唯仏是真」（世間は虚仮《こけ》にして、唯だ仏のみ是れ真なり）という言葉に凝縮されている。最澄、空海、親鸞、日蓮など、後の多くの仏教者が聖徳太子を「和国の救主」として尊崇するのも、天皇と仏教と衆生済度を結びつけた存在として、聖徳太子が「神仏習合」の結節点に立つからである。

積み上げられた「神仏習合」の歴史

末木文美士の『日本宗教史』(岩波新書、二〇〇六年)などに刺激を受けて「神仏習合」について再考するならば、仏教優位の神仏習合が「中世における神道の自己主張」の登場まで続いていたことに気づく。輪廻の世界の「六道」(地獄・餓鬼・畜生・阿修羅・人間・天)の最上位の「天」の領域にあると位置付けられた日本古来の「神」を「仏」の力で救い、「神」が仏教を支えるという構図で「神仏習合」が成立していたのである。我々は、江戸期の「国学」成立以降、とくに明治期からの神道優位の展開に視界を引き寄せられがちである。日本は七世紀以来「神仏習合」の歴史を積み上げてきた。江戸期、幕府の正学は儒教であったが、徳川家は仏教を敬い、上野の寛永寺、日光の輪王寺など天台宗を基軸としながら、芝増上寺のごとく浄土宗も大切にした。寛永寺には、一六五四年に後水尾天皇の第三皇子を「法親王」という形で招き入れて以来、幕末まで皇室が支える形をとった。ところが、大政奉還後の一八六八年(慶応四年、九月に明治に改元)三月に、太政官布告で「祭政一致制度の回復」「神仏判然令」が出され、神道国家を志向する「廃仏毀釈」「敬神廃仏」の流れが打ち出された。明治国家体制は、一九四五年の敗戦によって否定されたが、実は天皇と仏教の関係にはほとんど変化がない。仏教伝来以来の一五〇〇年間の天皇と宗教の関係においては、むしろ異例といえるほど、天皇が神道とだけ結びついている時代が戦後日本、そして今日までも続いているのである。

(2019・10)

親鸞によるパラダイム転換
――その仏教史的な意味――

親鸞という名前にはユーラシアの風が吹き抜けている。親鸞の「親」はインドの高僧で、大乗仏教の深奥ともいえる「唯識論」を大成させた「世親」(サンスクリット名ヴァスバンドゥ、三二〇頃〜四〇〇年頃)に由来し、「鸞」は唐代の浄土教の基礎を作った「曇鸞」(四七六〜五四二年)に由来するという。

親鸞は自ら「三国七祖」の影響を受けたと語っているが、それはこの二人に加え、インドの龍樹、中国の道綽(五六二〜六四五年)、善導(六一三〜六八一年)、日本の源信、法然のことである。親鸞はユーラシアにおける大乗仏教、とりわけ浄土教の「加上」の歴史を体現する意思を示しているのである。

鈴木大拙は『日本的霊性』(岩波文庫版、一九七二年)において、「浄土系思想は、インドにもありシナにもあったが、日本で初めてそれが法然と親鸞とを経て真宗的形態を取ったという事実は、日本的霊性即ち日本的宗教意識の能動的活現に由るものといわなければならぬ」と述べる。

親鸞とその時代——鎌倉仏教誕生の背景

親鸞が生きた時代を視界に入れておきたい。平安末期、一一七三年に中級貴族日野有範の子として生まれた親鸞は九歳で比叡山に入り、慈円のもとで得度、二九歳まで延暦寺で修業を続け、横川常行堂の下級僧として修行していた。その頃は隆盛を誇った平家が転がり落ちるように滅亡(一一八五年)に向かった時代であり、武士による幕府政治の始まりという動乱期であった。まさに平家物語の「諸行無常」を実感せざるをえない状況であり、仏法の終焉たる「末法思想」が囁かれる不安なる時代であった。

一二〇一年に比叡山から下りる頃の青年僧・親鸞の悩みと迷いは深く、「心月を観ずと雖《いえど》も妄雲猶覆う」(歎徳文)という状況であったという。下山後、京都にある六角堂に百日間参籠(頂法寺、聖徳太子が開いたとされる)、聖徳太子示現の文の啓示を受けて、「専修念仏」を掲げ衆生救済に向かう法然(源空)の弟子となる。二九歳の時であった。

延暦寺や興福寺など既存の仏教勢力による「釈尊の正法を汚すもの」としての「専修念仏」批判・抗議を受け、後鳥羽上皇によって「専修念仏」の停止、法然、親鸞らの流罪が命じられた。親鸞は僧籍を剝奪され、藤井善信として一二〇七年に越後に配流、「非僧非俗」として生きる越後・関東での生活が始まる。

この頃、一一九九年に開祖の源頼朝が死んで、一二一九年の三代実朝の暗殺以後、鎌倉幕府は北条氏主導の執権政治体制に入る。頼朝の妻だった北条政子は後鳥羽上皇に皇子を将軍に迎えることを願い、一二二六年に九条道家の子藤原頼経が将軍となり、以後、一三三八年、南北朝期に北朝が足利尊氏を征夷大将軍とするまで皇族が将軍職に就く体制が続き、北条氏の執権体制は、新田義貞が鎌倉を落とす一三三三年まで続く。

三五歳から六〇歳代に至る壮年期、親鸞は東国（越後、上野、常陸など）にいた。この間に『教行信証』を著し、妻恵信尼や家族と過ごした「幸福な時間」だったといえる。また、東国の大地とそこに生き抜く民の存在は親鸞を覚醒させた。親鸞が東国にいた時代は、政治の重心が京都から東に移り、鎌倉幕府が北条執権体制下で、一二三一年に幕府は諸国の守護・地頭に対し、領家、領所の権限を定めるなど東国統治と経営に力を注いでいた時代でもあった。

親鸞の京都帰還の時期については諸説あるが、幕府の念仏者取締り（一二三四年）を動機とするならば、六三歳頃に京都に戻って、一二六二年の死去までの約三〇年間が「親鸞を親鸞にした」といえるであろう。当時の平均寿命が五〇歳に満たなかったことを考えれば、親鸞は長命であった。ただ長命であっただけでなく、関東にいた息子善鸞を義絶するなどの苦悩もあったが、八〇歳代でも著作に精力的に取り組み、八九歳に至って末娘の覚信尼に看取られて入滅した。

この頃、ユーラシアは新たな歴史の局面を迎えていた。一二〇二〜〇四年が第四回十字軍の時代であり、「聖地奪還」の建前とは裏腹に、一二〇四年にコンスタンティノポリスを占領した十字軍は略奪の上に「ラテン帝国」を建国、ビザンツ帝国の不信と怒りを招いた。また、一二〇六年にモンゴルではチンギス＝ハンが即位、モンゴル帝国がユーラシアを席巻する時代に入っていく。蒙古軍の高麗征服は一二五八年、その脅威は日本にも元寇（一二七四年文永の役、一二八一年弘安の役）となって襲いかかるのである。

笑顔の親鸞――大地を生きる人間の体温

親鸞については、空海と対比して考えるとその輪郭が明らかになる。空海は眼差しを「宇宙」に向け、壮大な仏教体系の中で現世を睥睨《へいげい》する大きさを持つ万能の天才である。一方、親鸞は「大地」の上に起き臥しする百姓」のごとき目線で、自らを「愚禿親鸞」として、「救いたくても救えない」自分の弱さと非力を自覚するところに立ち続けた。

親鸞を想うとき、微笑みの親鸞が思い浮かぶ。あまりにも人間臭く、洒脱な精神を感じるからである。たとえば、親鸞は東国時代に二度にわたり「浄土三部経」（大無量寿経、観無量寿経、阿弥陀経）の千回読誦を始めるが、四〜五日で中断してしまう。「専修念仏」に戻ることが救済の本筋と気づいたゆえの中断とされているが、「三日坊主」とはいわぬが、厳格な修行僧とは違う「人間親鸞」を感じる。

また、弟子・唯円が「浄土に一日も早く行きたいか」と問うたのに対し、「現生から離れがたいのは当然」と応じ、「安楽の浄土は恋しからず」として「到達できない浄土」を自然としたという。何とも人間臭い親鸞を感じる。そして、「肉食妻帯」である。恵信尼との出会いについては京都、越後など諸説あるが、六人もの子供、生涯にわたる伴侶を得た。娘である覚信尼にあてた晩年(八九歳まで生きた)の恵信尼の越後からの一〇通の手紙(恵信尼文書)を読むと、仏教者親鸞への深い理解に立つ賢く温かい女性像が印象づけられる(大谷嬉子『恵信尼公の生涯』本願寺出版、二〇〇〇年)。

人間の煩悩の柱たる「愛欲と名利」を鮮やかに乗り越える人生を送ることができたことは大きかった。夏目漱石は親鸞の「肉食妻帯」について、「強い根底のある思想、確固たる精神が無ければこうした改革には踏み込めない」として、親鸞を「独立自尊(インディペンデント)のひと」と表現した(「模倣と独立」、一九一三年第一高校での講演)。

親鸞の仏教――民衆の仏教へのパラダイム転換

『歎異抄』の第三章「善人なおもて往生を遂ぐ、いわんや悪人をや」は親鸞思想の真髄といえる。この言葉は時に大きな誤解を招く。努力、研鑽、善行、祈りに誠実に向かう人間に当惑をもたらしかねないからである。今日的な「善悪」の価値基準でこの言葉を考えてはならないのである。親鸞のいう「善人」とは「自らの力で、善行を行い、悟りを開き、救済を得ようとするもの」であり、悪人とは「善い行いをする能力のないもの」であり、阿弥陀仏の慈悲の力は、まずそうした悪人に向かうというもので、「自力作善のひとは、ひとへに他力をたのむこころかけたるあひだ、弥陀の本願にあらず」となるのである。

つまり、悪人とは「縁があってよいことも悪いことも行ってしまうことを自覚している人」であって、もちろん親鸞自身も悪人となる。弥陀とはまずそういう人たちを救う存在だという「絶対平等主義」への華麗なるレトリックが腑に落ちる体験を、私自身がしたことがある。

二〇一一年の東日本大震災の日、私は東海道新幹線に六時間近く閉じ込められた。その時、不思議な縁で私のカバンには親鸞の本が三冊入っていた。二カ月後に東本願寺で行われた「親鸞聖人七五〇回御遠忌讃仰講演会」での「今を生きる親鸞」と題する講演を引き受けていたためである。動揺する車内の人間関係を観察しながら、じっくりと『歎異抄』を読み、東京駅での帰宅難民の群れをかきわけながら動くうちに、「極限状態では、人間社会はフラットになり、絶対平等に至る」ことを感じ取った。身分や上下関係など吹っ飛び、瞬時に一人の生身の人間として生きねばならなくなる。この時、親鸞の言葉が心に入ってきた。

この「悪人正機」という視界が、国家鎮護のための仏教ではなく、さらに内省と煩悩克服の仏教でもなく、衆生救済の仏教へと宗教としての軸を変えた。鈴木大拙が「日本仏教は弱者と普通の人の仏教」という意味はここにある。世界を動いた大拙は「日本は世界の思想や文化に提起しうる独創的理念をあまり持たないが、……真宗の中には日本人が外の世界に対してなしうる偉大な貢献がある」と語っている。

また、和辻哲郎は『日本精神史研究』(一九二六年)において「神を愛なりとする直観においては両者(キリスト教の教えと親鸞の語ろうとしていること)はきわめて近い」と述べ、キリスト者たる内村鑑三は「我が善き信仰の友親鸞」として、「彼等が弥陀に頼りし心は、以て基督者がキリストに頼るべき心の模範となすことが出来る、彼等は絶対的他力を信じた、……彼等は全然自己の義(self-righteousness)を排して弥陀の無限の慈悲に頼った」と述べる(「我が信仰の祖先」『聖書之研究』一八二号)。

ところで、興味深いのは親鸞の神道(神祇)に対する考え方である。師たる法然の「神祇不拝」(日本古来の神々を拝まず)を受け継ぐとされるが、決して日本土着の神祇を否定するものではなく、「天神地祇はことごとく善鬼神となづけたり」と語り、阿弥陀仏への帰依により、念仏者を「天神地祇」が守るものとの考え方を展開した。つまり、「専修念仏」に生きる仏教者としては当然のことだが、仏教優位の神仏習合を語っていたということである(赤松徹真編『日本仏教史における「仏」と「神」の間』龍谷大学仏教文化研究所、二〇〇八年)。

(2021・1)

日蓮——日本の柱たらんとする意識の意味

三田誠広の小説『日蓮』(二〇〇七年)は、序章「押小路の草庵にて」で、日蓮が京の草庵に親鸞を訪ねるシーンから始まる。現実に日蓮が親鸞に会ったか否かは謎だが、親鸞が日蓮よりも四九歳も年長とはいえ、二人の生きた時代は四〇年も重なっている。二〇歳からの約一〇年、日蓮は叡山、京畿地域での修行を続けており、それは親鸞が東国から京に帰還(一二三五年頃)してから死去(一二六二年)までの期間と重なる。二人が会っていたのではと考えるのはきわめて魅力的な仮説である。

現在、京都の御池中学校の敷地に「親鸞遷化之旧跡の碑」が立っているが、日蓮が京都にいたことを示す数少ない資料である「写本の奥書」によれば、一二五一年一一月に「坊門富小路」に日蓮がいたことは確かで、それは親鸞終焉の地の至近であり、鎌倉仏教を代表する二人の宗祖が出会っていた可能性はある。ただ、日蓮は法然の浄土教には激しく挑みかかったが、親鸞への言及はない。親鸞は、没後に弟子達によって偉大な存在にされた面があり、若き日蓮の視界ではまだ遠い存在だったのであろう。

現代日本において、日蓮系(創価学会八二七万世帯を約一一〇〇万人として)も親鸞系(浄土系)も信徒数約二二〇〇万人(『宗教年鑑』)とされ、実に四〇〇〇万人を超す日本人が、信心の濃淡はあれ、この二人の宗祖の精神世界の影響圏を生きており、我々の精神性に親鸞と日蓮が入り込んでいるといえる。

法華経とは何か――至高性の意味

親鸞の浄土系仏教が「南無阿弥陀仏」と阿弥陀仏への帰依を唱えるのに対し、日蓮系の仏教は「南無妙法蓮華経」として「法華経」という経典への帰依を表明する。このことに二つの仏教の対照があるといえる。日蓮がこだわったのは「依法不依人」(法に依って人に依らず)、つまり、法華経に帰依することを仏教者としての基軸とすることであった。

では、法華経とは何かに踏み込まざるをえない。ブッダ=釈尊の入滅から約五〇〇年後、「ブッダの仏教」が衆生救済の大乗仏教へと動き始める時期に成立した経典が法華経であり、ブッダの仏教の原点に還り、大乗と小乗(上座部)の対立を止揚する試みであった。二七章にわたり、釈尊最後の八年間の教えが集約されている。この経典の中にこそ釈尊がいるとされる。

多くの日本人には、五世紀の中国の学僧・鳩摩羅什(三四四〜四一三年)による漢訳経典『妙法蓮華経』全八巻が読まれてきており、漢訳音読みの経典理解が通常であった。だが、仏教研究も深化しており、植木雅俊の梵漢和対照・現代語訳『法華経』(岩波書店、二〇〇八年)は画期的であり、サンスクリット原典からの和訳を読むことができる。

ところで、名著『代表的日本人』(一九〇八年改訂版)で日蓮を採り上げた内村鑑三の法華経についての率直な言葉には苦笑を禁じ得ない。「我々には格別に素晴らしいとも思えないこの経典が昔の人々にはとても深い意味あるものと思われたのだ」と内村は言う。私自身、現代を生きる俗人として法華経の現代語訳を読んで、まず感じたのは説話の設定が迂遠、かつ大げさであり、社会科学的思考からは共感は難しいという印象であった。

私自身の体験から思い出したのは、中東や米国を動いていた頃に親交を深めた賢いインド系有識者との議論であった。回りくどく自説にこだわり続けることに辟易としたが、じっと聞いていると我々の思考回路からは思いもよらない本質論を展開していることがあった。法華経も伝えようとする本質に心を澄ますと、全てのいのちの平等と、全ての人間の尊厳を謳歌する思想が重く存在することに気づく。

中東一神教は、絶対者(神)を人智を超越した存在として人間の外に置くが、仏教では絶対者(仏)はあくまで人間の内に存在し、真の自己と法という価値に目覚め、それを以て他者に光を放つ。ブッダ最後の言葉、「自燈明、法燈明」を想い起こしてみよう。それが仏教なのだということを確認しているのが法華経といえる。日蓮は、法華経だけに登場する菩薩(悟りを希求する者)である「地涌の菩薩」(法華経を護り弘める新たな主体)と「常不軽菩薩」(誰もが軽んぜられることなく如来となるのを導く菩薩)を自らの使命に引き寄せ、「法華経の行者」として生きようとしたのである。

日蓮とは如何なる人物か

日蓮は一二二二年、安房小湊の漁民の子として生まれた。一二歳で出家、地元の清澄寺の道善房に学び、是聖房を名乗った。当時の清澄寺は、天台宗の法華経信仰を中心に浄土教、密教の修学をも合わせた山岳寺院だったという。一七歳で鎌倉に留学の後、一二四二年、二一歳で受戒のため叡山へ向かうが、門閥重視の叡山に失望して下山、約一〇年にわたり近畿の諸寺を訪ね仏教を学んだ。

この頃の日蓮はあくまでも天台宗の僧侶(沙門)であり、経験的に天台系の法華経を受容し、法然の浄土宗を批判する教義を吸収した。一二五三年には故郷の清澄寺に戻り、京畿留学の総括として立教開宗を宣言、日蓮と名乗った。日蓮というと「法華経至上主義」に基づく他宗批判と、激しい排他性という印象を与えがちだが、一二六〇年の『立正安国論』においても「専修念仏者が浄土三部経、阿弥陀仏以外の諸経、諸仏菩薩、諸天、善神の放棄を勧めることへの疑問」を語っており、この時点では、法然の浄土宗の排他性を批判する旧仏教の論理に共鳴していることが確認できる。この点は佐藤弘夫の『日蓮――われ日本の柱とならむ』(ミネルヴァ書房、二〇〇三年)が説得的に検証している。

日蓮に関する文献を読んでいくと、この人物が「法難」といわれる権力からの弾圧を受けるたびに、「法華経の行者」としての役割意識を高めていくことに気づく。佐渡流罪中に書いた『開目抄』において「我日本の柱とならむ、我日本の眼目とならむ、我日本の大船とならむ」と述べ、自分こそ末法の救済者（大導師）であるという強烈な自負心を示す。日本宗教史において、日蓮ほど国家、政治、社会のありかたに発言した宗教者はいない。世の中を変えなければ人間の救済はないとする志向は、今日の日蓮系の宗教者たちにも共有される傾向である。

一二六〇年、三九歳の日蓮は『立正安国論』を書き、前執権の北条時頼に提出した。立正安国とは、国を安んじることよりも正法の確立（法華経理念を貫いた国の実現）の重要性を主張するものである。幕府からは無視され、翌一二六一〜六三年まで、過激な他宗派批判（四箇格言とされる「念仏無間、禅天魔、真言亡国、律国賊」）のため伊豆流罪となった。さらに、一二七一年、「国諫」ともいえる反体制的言動を咎められ、佐渡へと二年半にわたる流罪となった。

佐々木馨は『日蓮の思想構造』（吉川弘文館、一九九九年）において、「佐前（佐渡流罪以前）の日蓮」を「懐疑・批判なき受容の時代」とし、「佐中の日蓮」を「模索と分離、捉え直しの時代」とした後、「佐後の日蓮」をして「体系・組織化の時代」とし、佐渡での時間が法華経世界の内なる再構築をもたらしたことを検証している。日蓮にとって佐渡での生活は、辺境を生きる人間社会を見つめ、自らの役割を確信する時間であった。

日蓮の生きた時代はユーラシアが鳴動した時代であった。モンゴルの影が東アジアに迫っていた。金王朝（女真の国）がモンゴルによって滅亡したのが一二三四年、高麗が制圧されたのが一二五八年、『立正安国論』の二年前であった。日蓮は「他国侵逼」として蒙古襲来を予言したとされるが、モンゴルの脅威は、帰国した留学僧や南宋との交易を通じて、ある程度は伝わっていた。ただ、それを「国難」と受け止める視界こそが日蓮たる所以であり、「国のありかたを問う宗教者」としての日蓮の特異性に気づく。

元寇は、日本人にとって異民族の侵攻という歴史的衝撃であり、「世界」と接触し、「日本」を意識せざるをえない瞬間であった。そこに日蓮がいた。「日本」を束ねる民族意識、そして正法(価値基軸)が求められることに日本人の意識が響いたのである。また、日蓮が生きた日本は、武家政権たる鎌倉幕府が北条執権体制に移行していた時代であったが、この時代の年表をみつめると、「逃散」「強訴」「群盗」「飢饉」「疫病」などという言葉が目につき、まさに「末法の世」を思わずにいられない社会状況だったと想像できる。救いを求める叫びが時代を覆っていた。

キリスト者である内村鑑三は『代表的日本人』において「日蓮以上に独立独歩の人は考えられない……受身で受容するばかりの日本人にあって、日蓮は例外的存在」とし、「仏教を日本の宗教にした」とまで述べている。

日蓮を心に親鸞を生きた宮沢賢治

日蓮から七〇〇年、自分が生きる時代に真摯に向き合い、魂の基軸を求める人間にとって、松岡幹夫の『宮沢賢治と法華経——日蓮と親鸞の狭間で』(昌平黌出版会、二〇一五年)は、きわめて興味深い。松岡は宮沢賢治について、「法華経が説く絶対の真理、すなわち妙法に帰依しながら生来の真宗的な精神性のほうは圧倒的な救済者(絶対他力)の存在を志向してやまない」と述べるが、確かに賢治の人生は日蓮と親鸞の狭間での心の交錯といえるであろう。

父親が真宗の熱心な信者という環境で育ち、青年期に法華経に目覚め、日蓮に傾倒した賢治は、現実世界を愚直に、ひたすら民衆の目線で親鸞的に生きた人物であった。高村光太郎は宮沢賢治を「コスモスのある詩人」と表現していたが、「自己即宇宙」の日蓮的世界観を心に置きながら、「雨ニモ負ケズ……」のデクノボウのごとく、現実世界を不器用に生きることを選択した賢治は、決して偉ぶることも高ぶることもなく生きた。

日本の近代を生きた知識人は魂の基軸を求めて格闘した。とくに、仏教に心惹かれた日本人は仏教界を二分するかのごとき日蓮と親鸞という存在をどこかで意識せざるをえなかった。日蓮と親鸞、相反するように見えるが、引き付けあう磁場もあり、宮沢賢治的な「相関」もあってよいのだ。


（2021・3）

Ⅳ

キリスト教の伝来と日本
──日本人の精神性にとっての意味──

日本におけるキリスト教は謎である。現在、キリスト教の信者は人口の一・五％程度（『宗教年鑑』令和元年版）で、不思議なほど増えない。韓国が、カトリックとプロテスタント合わせて約三割の比重を持つのに比し、極端に少ないといえる。

江戸期の長期にわたる禁教政策の影響を引きずっている面もあるが、明治期の内村鑑三、新渡戸稲造など若き知性のプロテスタントへの共鳴、マッカーサーの占領政策におけるキリスト教化施策にもかかわらず、キリスト教が日本人の精神性に重きをなさなかった理由は何か。

それでも、キリスト教の伝来と、日本社会との軋轢の中で残したさまざまな物語は、日本人の精神性を焙り出すリトマス試験紙であり、重く心に残るのである。

宗教改革が突き動かしたもの
――西洋史理解に不可欠の視界――

近代史を突き動かした要素として、プロテスタントによる「宗教改革」を視界に入れざるをえない。日本人の欧米理解において死角となりがちなのが、キリスト教の内部対立としての新旧の命がけの戦いである。一六世紀から一七世紀にかけて吹き荒れた「宗教改革」という運動は中世にとどめを刺し、世界史を新たな局面へと転換した。一七世紀オランダを「黄金時代」と呼ぶならば、それをもたらした精神的エネルギーの淵源は、宗教改革を通じたプロテスタンティズムに辿ることができる。あらためて宗教改革に関する多様な文献に触れるならば、それは唐突に起こった歴史上の出来事というよりも長期の変革運動であり、背景にその運動を支えた欧州の社会的・経済的な要因が存在していたことが確認できる。

先駆者としてのルター――ドイツの宗教改革

宗教改革の嚆矢を放ったのはマルティン・ルター(一四八三〜一五四六年)であった。カトリックからすれば、彼こそが「悪霊に憑りつかれた異端者」であり、「教皇と教会の権威をも恐れぬ不逞の輩」であった。一五一七年、ルターは「九五箇条の論題」をヴィッテンベルク城教会の扉に貼り出した。彼が提起したのは「カトリックの腐敗と堕落」であり、その象徴が「免罪符」であった。この訳語は正確ではなく、indulgence は「贖宥状」(カトリック教会ですでに赦された罪の償いを免除すること)とすべきなのだが、当時ローマのサン・ピエトロ大聖堂の新築資金の調達を名目に、悪徳な聖職者の世俗的利害のための資金集め手段として、大量の贖宥状が販売されていた。

神と人間社会の間に存在する教会や聖職者の役割は宗教が抱える宿命のテーマであり、キリスト教がローマ帝国を通じて欧州全域に浸透し、権威や権力となるにつれて腐敗と世俗化が進行していった。とくに、ローマ法王庁(教皇)によって世俗的権力の中心となることを認められた神聖ローマ帝国の支配構造への懐疑と反発が、ドイツ南部から充満し始めた。「プロテスタント」とは「神聖ローマ帝国に抗議する人」を淵源としている。

ルターは信仰の基点を媒介者(教会や聖職者)ではなく、あくまでも聖書に求めることを希求した。ただし、教会を否定したわけではなかった。つまり、救済を心の内なる問題として「悔い改めと福音信仰」のみに求めたのである。だが、それは既存の権威にとっては自らをないがしろにする危険思想であった。ルターと対峙することとなったのは、一五一九年に神聖ローマ帝国皇帝となったカール五世であった。一五二〇年のクリスマスにルターは教皇の教書を焼き払い、メディチ家出身の教皇レオ一〇世によって破門となった。

だがルターには、彼の行動を支持する存在があり、本人の意図を超えて彼を「抵抗のシンボル」として英雄化する社会的背景があった。それは民衆というより、神聖ローマ帝国の圧力を快く思わない領邦君主たちであった。たとえば「十分の一税」といわれる、すべての経済活動による利益の一〇分の一を教会に納めるという教会税への反発であった。ドイツにおける領邦君主は主権国家を治める自覚を強めつつあり、ザクセンのフリードリヒ賢明侯をはじめ、ローマ教皇とその代理人ともいうべき神聖ローマ皇帝たるウィーンのハプスブルク家(カール五世)の支配を疎ましく思い始めていた。時代がルターの登場を促し、渦巻きの中心に招き込んだといえる。

もう一つ、宗教改革を増幅した技術的基盤として活版印刷の登場が指摘できる。つまり、情報革命でもあったのだ。ルターの発信が瞬く間に欧州に伝わっていった背景には、活版印刷の普及という技術要素があったことを見逃してはならない。グーテンベルグ(一四〇〇〜六八年)が印刷機を発明したのは一四四八年で、この技術が情報の伝達に革命を起こした。鋳造活字と油性インクを用いてブドウ絞り機を使い、プレス印刷する技術が、大量の情報を多数の人々に伝達する基盤を確立したのであり、まさに中世から近世へと歴史を動かす情報技術革命であった。印刷機を使ってルターは、ドイツ語翻訳の聖書や「キリスト者の教皇や教会からの自由」を主張した小冊子を印刷して配布した。ルター以降のプロテスタントの活動が「書物の宗教」といわれる所以である。

一五二六年、カール五世はオスマン帝国の一二万のイスラム軍にウィーンを包囲され、ドイツ諸侯の支援を得るためルター派を一次的に公認する。一五二九年には再禁止するが、退任前年の一五五五年には領邦諸侯への妥協を余儀なくされ、「新教徒にも旧教徒と同じ権利を認める」という「アウクスブルクの和議」を結ぶに至る。ルターは民衆とともに社会変革を行う意図はなかった。それはドイツ農民戦争(一五二四~二五年)への姿勢に明らかである。「神の前での平等」というその思想の影響もあって蜂起した、農民反乱の過激化に対する領主側の苛烈な弾圧を、彼は容認した。それでもルターの播いた種は、カルヴァンの改革やオランダ独立戦争(一五六八年からの対スペイン八十年戦争)、さらには神聖ローマ帝国を有名無実化した「最後の宗教戦争」、全欧州を巻き込んだ「三十年戦争」(一六一八~四八年)に命を吹き込んでいった。

カルヴァンなる推進役

ルターが宗教改革の先陣を切った人物だとすれば、カルヴァンこそ宗教改革を決定づけた人物であった。ジャン・カルヴァン(一五〇九~六四年)は、パリの北北東、司教都市ノワイヨンに、教会の要職(参事会主査)にある人物を父に生を受けた。一四歳でパリに出たカルヴァンは、カトリック正統主義の堅固な砦とみなされていたモンテーギュ学寮に入り、神学のみならず法学を学び、やがて憑かれたように哲学・倫理学・美学・文学・博物学・物理学などの古典を研究し始める。

この時代の多くの知識人と同じく、彼も「人間がより人間らしく生きること」を希求する人文主義者エラスムスの影響を深く受けていた。また、ルターの「改革文書」三部作にも触れていた。だが、あくまでもローマ教会への愛着の絆に結ばれた正統なカトリックが彼の立ち位置であった。その彼が戦闘的な宗教改革の戦士に変身したのは一五三三年、二四歳の頃であった。『詩編注解』の序文で、「神は「突然の回心」によって私の心を征服し、従順にしたもうた」と述べる。弾圧の中で一五三五年にバーゼルに亡命したカルヴァンは、彼の改革的教理の基本となる『キリスト教綱要』を書き上げた。

その神学の中心は「魂の救済はあらかじめ神によって決められている」という予定説に立ち、「神に栄光を帰すこと、神に奉仕すること」に尽きる。ローマ教皇やカトリックと戦うなどという意識よりも、徹底して神と向き合う心性によって、カルヴァンはキリスト教を純粋に民衆のものに近づけた。また、「自己の職業を神より与えられた天職として禁欲的に勤労すべき」という彼の教義は、当時の欧州の新しい産業社会構造の中で台頭しつつあった事業者や技術職人、商人に強く訴えるものがあり、禁欲・勤勉に神が定めた職業生活に生きることの正当性を染み込ませた。またそれを通じて得た経済的利益を肯定し、勤労に基づく営利と蓄財を正しい営為としたこの教義こそ、初期資本主義の精神的支えとなった。マックス・ウェーバーのいう「プロテスタンティズムの倫理と資本主義の精神」である。

ところで、日本にも縁の深い「イエズス会」は、攻勢を受け止めたカトリック側の巻き返し(対抗宗教改革)のシンボルとして一五三四年に創設されたもので、「イエスの軍隊」を意味した。一五四〇年には教皇パウルス三世によって公認され、ザビエル等が積極的宣教活動に雄飛する契機となった。宗教改革はカトリック側をも引き締め、高揚させたのである。

プロテスタントの集積地となったオランダ

さてオランダだが、もともと一四世紀後半から「新しい信心運動」(祈りと労働に勤しむ共同生活運動)など、自らの経済・社会構造を背景にした新しいキリスト教を求める動きが胎動していた。またロッテルダムの人文主義者エラスムス(一四六六～一五三六年)の存在など、合理的思惟が萌芽し、ルターやカルヴァンをはじめ一六世紀欧州の思想や宗教に大きな影響を与えていた。その自由と合理主義の土壌に、一五二〇年代にはドイツからルター派が、次いで一五四〇年代にフランスからカルヴァン派が流れ込んだ。さらに再洗礼派やさまざまなプロテスタントが亡命、流入し、欧州のプロテスタントの吹きだまり、よくいえば集積地となった。確かに、F・W・グラーフが『プロテスタンティズム』(二〇〇八年、教文館)に語るごとく、プロテスタンティズムは多様であり、「自らを宗教改革の抗議の継承者と理解するすべてのキリスト教の諸教会、グループ、運動を表す集合体」であるが、この歴史的集合体が「自由と多様性と革新の源流」になったことは間違いない。そしてその明確な担い手が一七世紀オランダだったといえる。

一七世紀のオランダに焦点を当てて、世界の歴史を立体的に再考するという『世界』誌での連載を続けながら、心に抱き続けている疑問がある。それは「何故、鎖国といわれた江戸時代にオランダだけが日本と交易を続けたのか」という疑問である。スペイン・ポルトガルは布教に固執して幕府との関係が破断したのに対して、オランダは商人(東インド会社)が主体となった接近だったため、伝道にこだわることなく、商業活動に専心して幕府の信頼を得たという認識が一般的である。その通りなのだろうが、それが「信仰よりも商売を優先するしたたかなオランダ人」というイメージに繋がり、オランダを軽く低く見る視点に繋がってきたともいえる。

しかし、プロテスタントが欧州における地歩を確立していく過程を見つめれば、「主権国家との関係」が、カトリックとは異なることに気づかざるをえない。つまり、カトリックがまさに「普遍性」を探求し、ローマ教皇の下における普遍的価値を妥協なく押し出すのに対して、プロテスタントはたとえば各地域の領邦君主の地域主権に対して柔軟・寛大であり、世界各地の主権国家の主体性・自立性を尊重する姿勢を本質的に内包している。その集積地ともいえるオランダにとって、「キリシタン禁制」や「鎖国政策」についても、「信仰を押し殺して、経済的利害を優先する」というより、「地域の特殊事情」として許容できる心理が矛盾なく存在したともいえる。

民衆の中に生まれたイエスを民衆の中に還す

原点に返ってイエスという存在を思う時、忘れられない思い出がある。すでに触れたことだが、一九八〇年代初頭の数年間、中東に関する情報活動で何回となくエルサレムを訪れ、イエスが十字架を担いで歩かされた道を歩き、ゴルゴダの丘の跡に立つ聖墳墓教会に足を運んだ。小さな教会の内部さえも旧教系の諸派が分割管理をして、プロテスタントは近くに別の教会を有していた。愛を語り続けて死んでいった「神の子イエス」を信ずる者が、排除の論理にこだわり続ける悲しさ、人間世界の偏狭な利害対立に溜息を覚えた。

また、米東海岸で仕事をしていた一九九七年までの一〇年間、恒例行事のごとく観たニューヨーク、ラジオ・シティのクリスマス・ショーを思い出す。救世主生誕を祝福するそのラストシーンで、ラクダなどの動物が舞台に登場し、世界各地から祝福に駆けつける人々や王侯貴族がイエスを囲み、荘厳な空気が流れる。その時、舞台と客席を隔てる薄いベールに、イエスとは何かを語る言葉が映し出される。「その人は世界の片隅の村で生まれ生涯にわたり貧しく生きた。その人は一生の間半径三〇マイルの外に出たことはなかった。だが今日、その人の教えは世界中の人々の頭上に輝き、導いている」。ナザレの地に生まれこの地を離れたこともない男が世界を揺るがし、その言葉に心を射抜かれた者が歴史を変えた。民衆の中に生まれたイエスを民衆の中に還す「宗教改革」という試み、近代への歩みはそのことの再確認を必要としたのである。

（2012・8）

キリスト教の伝来と禁制

景教の伝来という事実

日本へのキリスト教伝来は、一五四九年のイエズス会のフランシスコ・ザビエル鹿児島上陸時、というのが定説である。だがパレスチナに生まれたキリスト教は七世紀に中国に伝わり、八世紀には日本にも伝わっていた。ユーラシア大陸は陸続きであり、それまで全く伝わらなかったと考える方が不自然である。

キリスト教史の文献にはあまり出てこないが、本書Ⅱで触れたように、七三六年に「景教」という名で「ネストリウス派キリスト教」が日本に伝わっている。入唐副使中臣名代が三人の景教僧を連れて帰国したという記録がある。そこから遡ること一〇〇年、六三五年にペルシャ人で景教僧のアロペン(阿羅本)が長安にネストリウス派キリスト教を伝え、六三八年には長安に教会(景教寺院)として大秦寺を建てている。日本では「大化の改新」という頃、すでにキリスト教は中国に到達していたのである。

伝来は唐突ではなく、六〜七世紀にかけてシルクロードの民とされたソグド人商人が交易とともに中国に伝えていた。ソグド人とは、現在のウズベキスタンにあたるトランスオキシアナ地方の人々でイラン系とされ、東西交易に大きな役割を果たし、中国に仏教やキリスト教を伝えたという。ネストリウス(三八一〜四五一年)はシリアに生まれ、四二八年にコンスタンティノポリス総主教に任命されたが、キリストの神性および人性を認めつつもその分離を主張したため、四三一年のエフェソス公会議で異端とされ、失脚した。それでも、シリアや東方ではネストリウス派が支配的となり、ササン朝ペルシャで教会が設立され、ビザンチン帝国の権威と対峙したために、中国伝来時、当初はイランの宗教と認識された。

大秦寺を拠点として中国における景教は隆盛を迎え、三〇点を超すキリスト教の文献が中国語に翻訳されている。ところが八四五年、唐の武宋皇帝が道教の保護のために外来宗教の非合法化に踏み切り、景教も弾圧の対象になると、急速に衰えていった。空海が唐に渡ったのは八〇四年だが、当時の長安は国際都市で、四〇〇〇人のペルシャ人が住んでいたとされるが、宗教者たる空海は景教の存在に気づいたであろう。高野山に景教碑が建てられたのは二〇世紀だが、空海が目撃したであろう九世紀中国におけるキリスト教の活動に想像力を働かせた結果であった。九世紀後半に消滅した中国の景教だが、一三世紀にモンゴル(元)によって再びもたらされたという。

さて、八世紀に一度は日本に伝来したキリスト教が定着せず消滅し、約八〇〇年後のザビエルの来訪・布教後は驚くほど短時間で浸透した理由は何だったのか。そこからこの間の日本精神史の土壊の変化と、近世にさしかかった日本の社会構造の変化が見て取れる。

カトリックでは、十二使徒の一人聖トマスが東方諸国に宣教、インドで殺されたという伝説により、インド布教への潜在願望が存在した。最初に動いたのは、一四九八年にバスコ・ダ・ガマのインド航路発見に同行した聖三位一体修道会の宣教師であった。その他、一六世紀初頭にフランシスコ会、ドミニコ会などの修道士がポルトガル国王の援助を受けながらゴアを拠点にインド布教を強化していった。まさに聖俗一体の国家プロジェクトとしての東方布教であったが、現地住民への宣教には必ずしも積極的ではなく、停滞期に直面していた。そこに熱い情熱をもって登場したのがイエズス会であった。

ザビエルによる伝道とキリシタンの世紀の日本

イエズス会は、プロテスタントの攻勢に対抗してカトリックからの宗教改革を推進しようとする修道会で、その先陣を切ってアジアに向かったのがザビエルである。彼は、一五〇六年にピレネー山脈に近いナバラ王国の貴族の子として生まれた。一五二五年にパリ大学に留学し、神学と哲学を学んだが、カトリシズムの再興という使命感に目覚め、一五三四年にイグナチウス・デ・ロヨラとともにモンマルトルの丘の聖堂で「モンマルトルの誓い」(清貧、貞潔、聖地巡礼)を立て、イエズス会の創設を決めた。教皇パウルス三世の勅書で正式に修道会として認可されたのは一五四〇年、ロヨラが初代総長となった。

ザビエルが東洋に向けてリスボンを出発したのは、一五四一年四月であった。翌年、ポルトガルのアジア展開の拠点であるポルトガル領インドの首都ゴアに到着し、活動を開始した。マレー半島のマラッカ滞在中にアンジロウら三人の日本人と出会い、日本への布教に強く惹かれ、これが彼の運命を変えた。「日本人は最も知識欲旺盛な民族」(ザビエル書簡一五四八年一月二〇日付)という希望を抱き、マラッカから中国商人の船に乗り、五〇日かけて中国沿海を北上、一五四九年八月一五日にアンジロウの出身地であった鹿児島に上陸したのである。平戸で松浦隆信、山口で大内義隆と、ポルトガルとの交易に期待を抱く領主と面談し、布教への理解を得て、天皇からの布教許可を得るべく目的地の京都に向かった。しかし、京都の荒廃を見てここでの布教を断念し、山口に戻り日本布教の拠点とした。ところが、大内義隆が家臣の陶晴賢の謀反で自刃して果て、豊後府内(大分)の大友宗麟がポルトガルとの交易を望んでキリスト教庇護の姿勢を見せていたので、大分へと拠点を移し、二年三カ月の布教を終えて一五五一年一一月、大分(豊後国沖ノ浜)からマラッカに帰任した。ザビエルの足跡は大きかった。

一五四九年から八七年の「伴天連追放令」までの約四〇年間は「嵐の四〇年」といわれるが、一六世紀後半の日本において、キリシタンの数は三〇万～四〇万人(一説には五〇万人)にも増えた。現在の日本におけるキリスト教信者は一一三万人(人口の一%未満)であるが、当時の人口の少なくとも三%以上というほどの浸透を見せたのである。何故、こんな短期間に浸透できたのか。海老沢有道の『日本キリシタン史』(塙書房、一九六六年)、五野井隆史『日本キリスト教史』(吉川弘文館、一九九〇年)、高瀬弘一郎『キリシタンの世紀』(岩波書店、一九九三年)など、近年積み重ねられてきた優れた研究を参考に考察してみたい。六世紀の仏教伝来が国家宗教としての上からの伝来だったのに対して、領主のみならず民衆のレベルまで一六世紀の日本がキリスト教を受容した理由は何だったのであろうか。

一つには、一六世紀の日本が「中世から近世への胎動期」にあり、群雄割拠の戦国時代から統一政権の樹立を模索する時代で、貨幣経済の形成と商業資本の形成期にあったという社会的背景があろう。戦国の混乱に翻弄される日本人の視界に世界が入ってきたともいえ、「鉄砲伝来」を機に、西洋の技術に関する敬意を込めた好奇心が芽生え、突然現れたポルトガル人司祭に気持が動いたのであろう。

二つには、海老沢有道も指摘するごとく、日本人のキリスト教理解には「浄土教的救済観が媒介」した点に注目したい。親鸞(一一七三〜一二六二年)の登場によって、日本の仏教は国家鎮護の仏教から民衆の仏教へとパラダイム転換をした。キリスト者内村鑑三が「わが善き信仰の友親鸞」といい、和辻哲郎が『日本精神史研究』の中で「神を愛なりとする直観においては両者(キリスト教の教えと親鸞の語ろうとしていること)はきわめて近い」と語るが、かの「善人なおもて往生を遂ぐ、いわんや悪人をや」という阿弥陀の下での絶対平等主義が、絶対神の下での平等を語るキリスト教司祭の言葉に心動かされる土壌になったとの考えもうなずける。

三つには、宣教師の苦闘・努力がある。ザビエルとそれ以降のイエズス会の日本布教には明確な方針があった。領主に接近して「キリシタン大名」とする「指導者からの布教」、既存の大きな仏教勢力（高野、根来、比叡山、近江など仏教寺院をザビエルは大学と認識した）と向き合い、教義論争を試みて、キリスト教の優位を示すことであった。だが、言葉の壁も含め、キリスト教の教義を日本人に理解させることは容易ではなかった。

当初、神デウスを「ダイニチ」（大日如来）と訳して説明したため、仏教の一分派の「天竺宗」と受け止められるなど現地への「適応主義」の姿勢による混乱もあったが、ザビエルの書簡をはじめとする資料を読むと、「教義よりも行動」というべきか、キリストの教えに生きる司祭たちの清貧に耐えつつ弱者を救済する姿や、医術や武器など先進的な現物の提供が日本人の関心と敬意を引きつけたことがわかる。興味深いのはザビエルが抱いた日本人観だ。「今まで発見されたすべての国々の中で、日本人だけが自分の力でキリスト教を発展させるのに適している」と、日本人が賢く、好奇心が強く、辛抱強いと、再三言及している。イエズス会の今日的継承者に立つ上智大学の教授だったピーター・ミルワードは『ザビエルの見た日本』（講談社学術文庫、一九九八年）で、四五〇年前の日本人像と今日の日本人との差異について、現在は羞恥心を失い軽佻浮薄で厚かましくなったと興味深いことを語っている。明治近代化以降というより、一九四五年以後の戦後的な変化とも思うが、民族の気質も時代背景により変化するのか考えさせられる。

キリスト教の禁制――突然の展開とその理由

キリシタンが隆盛を極める中、一五八七年の秀吉による「伴天連追放令」を転機に、キリスト教禁制の流れが形成されていくが、その前後の事情は謎めいている。信長はキリスト教の教義の理解者ではなかったが、天下布武に向けて、手強く歯向かっていた比叡山や一向宗勢力の対抗勢力としてキリスト教を保護した。ザビエルの後継者たるフロイスやヴァリアーノと何度となく面談し、安土に布教のための教会(セミナリオ)の設立さえ許している。秀吉の基本姿勢は実利主義で、キリスト教には警戒心を抱きつつもポルトガルとの交易は重視(宗教と貿易の分離)していた。一五八六(天正一四)年一〇月には大坂城でイエズス会の準管区長G・コエリヨと謁見し、親密な会話を交わして全国布教を許可した。同席していたフロイスは、秀吉が朝鮮・明を征服する野心を語り、イエズス会に艤装したポルトガル船の購入と航海士の斡旋を求める姿を報告している。この謁見には、キリシタン大名とされる大友宗麟や小西行長、高山右近などが関与していたという。

ところが、わずか一年足らず後の一五八七年七月、九州征伐を終えて博多に陣を張っていた時、秀吉は突然「伴天連追放令」を発し、キリシタン禁制へと踏み込むのである。その九日前、コエリヨが長崎から回航してきたフスタ船(イエズス会所有の軍船)を訪れて、その活動に理解を示しながら、態度を豹変させて発した「伴天連追放令」では、キリスト教を「邪教」と切り捨て、神社仏閣を破壊する布教を「曲事」と糾弾している。一領主にすぎない大村純忠が長崎を教会領として寄進したり、イエズス会が大砲を積んだ船さえ保有している事実を知り、同会およびキリシタンへの疑心暗鬼を深めたと考えられ、全国統一の最終局面を迎え、秀吉の視界に「迫りくるスペイン・ポルトガル」という危機感が現実のものと認識されたともいえる。高橋裕史『イエズス会の世界戦略』（講談社、二〇〇六年）は、その聖俗一体の世界展開を認識する上で示唆的である。

イエズス会の「対日武力制圧論」が現実的なものであったかは冷静な認識が必要であろう。忘れてはならないのは、一五八〇年からの六〇年間はポルトガルがスペイン（フェリペ二世）に併合されていた「六〇年の捕囚」時代であり、秀吉のマニラあての書簡などスペイン帝国を意識した対応が確認できる。キリシタン禁制を決定づけたのは一五九六年、土佐に漂着したスペイン船サン・フェリペ号事件であった。五奉行の一人増田長盛が土佐に赴き、事情聴取の上すべての荷を没収とするが、スペイン人乗員の威圧的言動が刺激したといわれ、これ以降、徳川政権においてもキリシタン禁制は一段と強まる。それからのキリシタンについて、さらに稿を進めたい。

（2013・9）

織田信長時代におけるキリスト教と仏教の邂逅

六世紀の仏教伝来から約一〇〇〇年が経過した頃、戦国時代といわれた日本において仏教はどうなっていたのであろうか。この頃、一五四九年のフランシスコ・ザビエルの鹿児島への上陸以降、キリスト教が本格的に伝来し、「キリシタンの世紀」といわれるほど日本へも浸透し始めていた。この間の事情は前節「キリスト教の伝来と禁制」において論じたが、一六世紀後半の半世紀において、日本のキリシタン人口は三〇万人から四〇万人にもなっていた。

戦国日本の統一の基点となった織田信長という人物は、宗教に関しても驚くほど柔らかい好奇心を持っていたようで、自分の目の前で宗教者に宗論を戦わさせ、その主張を見極める試みをしている。仏教にとっては試練の時期でもあった。

フロイスの『日本史』における仏教僧との対決

司祭フロイスが残した『日本史』の第三六章（第一部八七章）に、「司祭が信長、および彼の政庁の諸侯の前で日乗上人と称する仏僧と行った宗論について」という興味深い報告がある。記録に残る仏教とキリスト教との邂逅として、特筆すべきことである。

織田信長の要請を受けて、信長ほか約三〇〇人の家臣の前で、仏教僧と教理をめぐる論争を行い、あくまでフロイスの記録という形ではあるが、詳細な応答が残っているところに歴史資料としての価値があるといえる。一五六九年五月六日(新暦)のことであり、信長が安土城に入る一〇年前、本能寺の変で命を失う一三年前のことである。この宗論の二年後に比叡山の焼き打ちがなされるが、その後の織田信長の宗教観にとって、この出来事は大きな意味をもったと思われる。

まず信長が、司祭(フロイス)とロレンソ修道士に対して、日乗上人という仏僧に、キリスト教の教えなるものを説明するように求める。これに対してロレンソは、日乗上人に対して「日本の宗教についてどのような見解を持ち、どの宗派に帰依しているのか」を尋ねるが、日乗は「自分は何宗にも属さず、知りもしない」と答える。そして、僧侶の姿をしているのは、「世の煩わしさと世情に嫌気がさしたからで、修行も巡礼もしていない」と答える。宗論以前に「逃げ」に入っており、この仏僧のレベルを感じさせる。

日乗上人なる仏僧は、正確には仏僧と言える人物ではなく、出自は出雲出身の朝山善茂という下級武士で、戦国の世を美作の尼子、周防、京都の三好三人衆と渡り歩いた流浪の俗物であり、僧侶のなりをしながら、策謀、裏切り、犯罪行為を繰り返しつつしたたかに生きた人物像が確認されている。一時期、比叡山延暦寺の心海上人の下で学んだこともあったようだが、この対論の中で「何を学んだのか」を問われても、「忘れた」というだけで、仏教の教理を一切語ろうとしない。

実は、フロイスらキリスト教の宣教師たちは「日本に定着している仏教とは何か」について強い関心を抱いて一定の研究を積み上げていたようで、たとえば叡山の心海上人とも面談しており、仏教の神髄を問いかけている。心海上人はさすがに仏教教理に明るく、「仏性（キリスト教における霊魂）は実体も形態も色彩も備えず」と語っており、大乗仏教における「色即是空、空即是色」の「空」の思想をかなり的確に語っているのだが、フロイスは「仏教は無の原理に基づく」と理解しており、「日本人は可視的なものしか認識が及ばず」と判断したようである。仏教思想における人間の意識を深く探求する唯識論には気づかかず、俗悪な日乗のような仏僧もどきの人物と向き合うことになった悲劇を想わざるをえない。

キリスト教に触れた信長の肉声

一五四九年にザビエルが来日してから、一七世紀の初めに禁止される半世紀の間に、先述のごとくキリスト教は当時の日本の人口の三％に当たる三〇万〜四〇万人に浸透した。前節でも述べたように、当初、ザビエルは日本人に定着している仏教概念を利用して、キリスト教への理解を促した。たとえば、絶対神「ゼウス」を「大日如来」になぞらえて「ダイニチ」（大日）と訳したが、やがて適切ではないと考え直した。隠語、俗語として、地域によっては「ダイニチ」が女性器を意味する言葉として用いられていたということもあるが、仏教においては創造神、絶対神という概念はなく、キリスト教理解において誤解を招くことに気づいたといえる。

キリスト教と仏教の宗論に立ち会った信長自身の肉声を感じさせる部分がある。ひたすら「伴天連追放」を要求する日乗に対して、信長は「予は貴様が小胆なるに驚き入る」と述べ、腹を据えて教理の正しさにおいて異教と向き合えという、きわめて合理的な姿勢を貫くのである。また、ロレンソが絶対神ゼウスの慈愛の深さを語ったのに対して、信長が面白い質問をしている。「分別をわきまえぬ者、もしくは生まれつき馬鹿頓馬の連中はどうなのか。奴らはゼウスを讃えなくとも差支えなかろう。そうせよといっても無理な話だからな」と言い、ロレンソは「どんな人間でもゼウスの恩寵に応えて、ゼウスを賛美しなければならない」という主張を行い、信長もとりあえず「予は満足じゃ」と応じたという。

この宗論の結末はすさまじいものであった。追い詰められた日乗は逆上し、ロレンソ修道士が「死が訪れても、霊魂は破滅しないし、消滅もしない」と語ったのに対して、「人間にあるという霊魂を見せてみよ」と叫んで、刀を取り出して襲いかかろうとする暴挙に出た。信長は日乗を取り押さえさせ、「日乗、貴様のなせるは悪行なり。仏僧のなすべきは武器をとることにあらず、根拠を挙げて教法を弁護することではないか」と叱責したという。

フロイスの『日本史』は、安土山で法華宗と浄土宗間の宗論が行われたことにも触れている(第二部二九章)。ただし、この記述の内容は正確を欠き、史料としての価値を欠くが、こうした宗論が一五七九年五月に安土で行われたことは、『信長公記』(太田牛一により一五九八年までに著述)によっても確認され、信長が仏教教義の真贋に関心を抱き、その経緯を見つめた結果、やがて自らを神格化する心理に至り、激しい仏教弾圧に出たことがわかる。

この一六世紀後半の「キリシタンの世紀」に関する研究は近年深化しており、郭南燕編著『キリシタンが拓いた日本語文学』（明石書店、二〇一七年）は、ザビエルの日本語学習努力と能力の検証や、一五七九年に巡察師として来日して以来、三回も来日したヴァリニャーノが大友宗麟の忠告を受けて採用した「順応方針」（現地文化重視）の内容など、まさに日本における「多言語多文化交流の淵源」に迫っている。

民衆の宗教へのパラダイム転換——親鸞・日蓮の仏教

世界史、そして日本史に不思議な「隠し絵」のように登場するのが景教である。景教、すなわち東ローマ帝国の居城コンスタンティノポリスの総主教をしていたネストリウスに発するネストリウス派のキリスト教が、異端とされながらシリアやササン朝ペルシャへの東方展開において粘り強く生き延び、イスラム教の創始者ムハンマドのキリスト理解に影響を与えたことには言及した。また、十字軍の時代、イスラム勢力の背後から「キリスト教を奉じる王、プレスター・ジョン」が十字軍の救援に駆けつけるという伝説が欧州に広まったが、これも東方に消えた景教への淡い願望の投影であった（本書Ⅱ「キリスト教の東方展開の基点としてのビザンツ帝国」参照）。

日本においても景教は間欠泉のごとく微妙な存在感を示す。六三五年には中国に景教としてキリスト教が伝わっており、日本にも七三六年に入唐副使として中国に渡った中臣名代が三人の景教僧を連れて帰国した記録があることも同じく触れた。また、聖徳太子が「厩戸皇子《うまやどのみこ》」と呼ばれることに関し、イエス・キリスト生誕の「馬小屋」と重ね合わせる景教の影響とする説があることも紹介した（本書Ⅲ「仏教の日本伝来とは何か」参照）。ザビエルがやってくる八〇〇年以上も前に、日本にキリスト教が伝わっていたということだ。

景教伝来以降、なぜキリスト教は日本に定着しなかったのか。受容される土壌がなかったといえる。ザビエルは「日本人は、水が染み入るようにキリスト教を理解する」という印象を語っているが、一六世紀までの間に起こった変化とは何か。日本人の宗教基盤が大きく変わったといえ、それは、親鸞、日蓮などの鎌倉新仏教の登場と浸透である。

本書Ⅲで親鸞と日蓮について論究したが、親鸞（一一七三～一二六二年）が生きた時代は「末法」の到来を思わせる荒廃した時代であった。九歳から二〇年間、天台座主慈円の下で修行した親鸞であったが、二九歳の時、自力の念仏に疑念を抱き、法然の阿弥陀仏の本願を信じる「専修念仏」に参じ、三五歳の時、越後に流されて以降、「非僧非俗」を貫き、衆生救済の絶対他力の仏教を関東で布教、六三歳になって京都に戻り、八九歳まで活動を続けた。

親鸞は、知性の媒介無き一心不乱の阿弥陀仏への帰依を貫くこと、つまり絶対他力の平等主義をもたらすことによって、仏教を「国家鎮護」ではなく「民衆の仏教」に変えた。鈴木大拙は「日本仏教は弱者と普通の人の仏教」とし、親鸞の仏教を「日本人が外の世界に対してなしうる偉大な貢献」と語っている。

また、和辻哲郎は『日本精神史研究』において、「神を愛なりとする直観においては両者はきわめて近い」とキリスト教と念仏宗の近似性を語る。確かに絶対他力による絶対平等主義に立つ救済を志向することにおいて、室町期にはキリスト教の精神が理解できる土壌を親鸞の仏教が形成していたといえよう。

鎌倉新仏教のもう一つの柱たる日蓮(一二二二～八二年)は、親鸞が亡くなった時に四〇歳であり、関東に親鸞が残した足跡と浄土教の隆盛を見つめながら僧侶としての修行を続けた。その中から日蓮は「念仏さえ唱えれば救われるなどというはずがない」として浄土教を拒否し、法華経の伝道に生涯をかけるのだが、鎌倉の政治権力、為政者さえも相対化する視界で『立正安国論』を展開した。弾圧や法難に耐えながら、個々の衆生救済という視界を超えて、蒙古襲来のような国難が迫る日本への危機感に立ち、「国」「民族」の救済という視界を拓いた。キリスト者内村鑑三は、親鸞を「我が善き信仰の友親鸞」と語り、日蓮を「仏教を日本の宗教にした」と表現していた。

浄土真宗と日蓮宗は長く緊張感をもって対峙したが、より大きな視界から再考すれば、国家仏教を、苦悶しつつ生きる衆生の仏教へとパラダイム転換させたことにおいて重なる。こうした宗教土壌の変化が、キリスト教の上陸という刺激を受けて、日本精神史に新たな化学反応を起こしたのである。

(2019・11)

それからのキリシタン
——江戸期の苦闘とその闇《やみ》の中での光——

一六一二（慶長一七）年、家康死去の四年前に江戸幕府はキリスト教禁止令を出し、翌年全国へ禁止令を徹底させる。秀吉の「伴天連追放令」（一五八七年）の踏襲だが、布教の禁止から信仰そのものの禁止へと踏み込んだわけで、背景には、金地院崇伝などの学僧や外交顧問の蘭船リーフデ号漂着の英国人ウィリアム・アダムス（三浦按針）等が、カトリックとその背後にある南蛮（スペイン・ポルトガル）の脅威を吹き込んだという事情がある。ただ、それでも「第一次鎖国令」（一六三三年）、「海外渡航禁止令」（一六三五年）までは、朱印船貿易による通商を重視する家康の政策もあり、キリシタンは禁制下の活動を続けていた。江戸初期の朱印船貿易の時代に、約七万人ともいわれる日本人がアジアに展開する「日本の大航海時代」があったのである。「交易は続けたいが、カトリックの宣教師の浸透力と背後の南蛮の脅威は払拭したい」という葛藤の中で、徳川政権の政策は揺れ動いていた。

「鎖国」を決定づけ、徹底したキリシタン弾圧へと踏み込む転機は、天草・島原の乱（一六三七〜

三八年)であった。幕府は、天草四郎を総大将に原城に立てこもった大規模なキリシタン農民の一揆に手こずり、第一次上使として掃討軍を率いた板倉重昌自身が戦死する事態となった。結局、老中松平信綱が第二次上使として一三大名の兵一三万人を率いて出陣し、総勢二・七万人の一揆勢を殺害して事態を収束したものの、幕府の恐怖心は尋常ならざるものとなった。鎖国体制の完成とされる「寛永の鎖国令」(第五次鎖国令)が出されたのが一六三九年である。

興味深いのはオランダの姿勢である。当時、オランダ商館は平戸にあったが、幕府からの要請を受けて、商館長クーケバッケルは、陸の砲台五門と海上からの攻撃のための軍艦デ・ライプ号の提供を決断、『オランダ商館日記』によれば、二週間にわたり、陸海それぞれ数百発の砲弾を原城に打ち込んだ。新教の国とはいえ、「通商」のために、同じキリスト教を信じる農民の殺戮に加担したわけである。ところが、皮肉なことに、島原の乱におけるオランダの活躍が幕府の猜疑心に火を点けることになる。オランダ商館が動かしうる新型大砲の威力に脅威を感じた幕府は、ポルトガル人追放後の長崎出島に平戸の商館を移転することを命じ(一六四一年)、以後二〇〇年間以上もの間、オランダは出島に活動を封じ込められるのである。

壮絶な棄教と殉教——神父たちの過酷な運命

慶長の禁令を受け、大坂冬の陣のわずか一週間前の一六一四年九月、幕府は、宣教師や日本人キリシタン一四八人をマカオやマニラに追放した。キリシタン大名の中でも際立った人徳を備え、秀吉や家康さえその誠実さと信仰の強さに一目置いた高山右近とその一族もマニラに追われた。また、京坂地区の堅固な信仰者七一人や、加賀前田家に仕えていたキリシタン武士等が津軽に流刑となる。海路で日本海を北上しての「帰らざる旅」であった。一六一七年には津軽での弾圧も始まり、多くのキリシタンが蝦夷地に渡り、松前の金鉱山で坑夫として働いた。翌年にイエズス会のアンジェリス神父が宣教師として初めて津軽海峡を渡り、松前藩主松前公広と面談している。

一六二三(元和九)年、三代家光の時代に入って幕府の弾圧は一段と激化し、江戸での潜伏活動を続けていたアンジェリス神父や原主水など、五〇人を公開火炙りとした。小伝馬町から日本橋、銀座、新橋、浜松町、三田と引き回し、札の辻に五〇本の柱を立てての処刑であった。その峻厳な処刑に震撼した諸大名もキリシタン抹殺への意思を固め、比較的寛大であった奥羽諸藩も厳格な迫害に転じざるをえず、仙台の伊達、米沢の上杉も弾圧へと動いた。菅野義之助『奥羽切支丹史』(佼成出版社、一九七四年)、片岡弥吉『日本キリシタン殉教史』(時事通信社、一九七九年)などの文献は、凄惨な弾圧が繰り広げられた事実を検証している。島原の乱で殺戮された二・七万人以外に、江戸時代を通じて処刑されたキリシタンは約五〇〇〇〜六〇〇〇人と推計され、斬首、火炙り、吊しで殉教していった。

この大量殺戮と集団的狂気を日本人としてどう受け止めるか。中東一神教は異教に対して「不寛容」であり、八百万《やおよろず》の神を奉ずる日本人は「寛容」だという議論がある。だが、「お上」(権力)の権威付けと「民衆」の無知が一体となって異端者の排除に向かうと、異様な集団的狂気が爆発する傾向を日本の歴史は何回か繰り返している。教義には融通無碍だが、時代の空気には付和雷同するという意味で、日本も恐ろしい国である。

支配体制の確立の道具としての禁制

幕府はキリスト教禁制を巧みに支配体制の確立に利用した。「宗門改め」を制度化し、庶民一人一人を寺請・檀家制度に組み入れて、寺院を中心に地域の支配機構を形成し、徳川幕府という政治権力体制を構築したのである。江戸期が長期安定を維持しえた要因の一つがここにある。キリシタンという仮想敵を設定し、全国統一の宗旨人別帳を作成して、寺檀関係を軸に民衆の統合を図ったのだ。明治以降の近代化と都市化で寺檀制度は空洞化するが、江戸期に埋め込まれたこの制度が、今日でも日本社会の基底に根強く存在することに驚かざるをえない。

禁制下を生き延びたキリシタンを一般に「隠れキリシタン」と表現するが、宮崎賢太郎の『カクレキリシタンの信仰世界』(東京大学出版会、一九九六年)によって、「潜伏キリシタン」と「カクレキリシタン」の違いを認識した。後者は、明治維新後に禁制が解かれカトリックに回帰した人たちとは異なり、潜伏期に日本土着の宗教と混淆して祖先崇敬の独自の宗教となった信仰を抱く人たちを意味するという。確かに、二五〇年以上も宣教師も神父も存在せずに、どう教義を持ち堪えたのかと考えれば、仏教・神道、民間信仰と融合して、まったく異なる民俗宗教となった「カクレキリシタン」という捉え方は重要である。

異文化の受容において、インド由来の国家鎮護の仏教を日本独自の民衆の仏教へと転換した浄土宗の法然、浄土真宗の親鸞のような存在が登場した。しかしキリスト教には、徳川期の政治的弾圧・封殺の期間のために、独自の力強い民族宗教に進化するプロセスも生まれず、「カクレキリシタン」として埋没するしかなかった。今日でも、日本のキリスト教徒が人口の一%に満たないわずか一一三万人にとどまる理由も、相変わらず欧米の教会(総本山)に依存する教義と活動の枠組から変容しきれないことと関係しているのではないだろうか。世界のいかなる国・地域でも、伝来と普及、浸透の過程で、独自の変容と発展を見せるものである。韓国の教徒が一〇〇〇万人を超すこととの対照において、日本のキリスト教の不幸を痛感する。

日本における壮絶なキリスト教弾圧の歴史で忘れてはならない史実を直視しておきたい。一七世紀、イエズス会をはじめカトリックに衝撃を与えたのは、フェレイラ神父の棄教(一六三三年)であった。クリストファン・フェレイラ(一五八〇〜一六五〇年、ポルトガル人)はイエズス会員たること三七年、日本管区の代理管区長であったが、長崎で他の七人の聖職者と「穴吊り」にされた。他の者は信心を守り通し、殉教者として死んだが、フェレイラは穴に入れられて五時間で失神して「転《ころ》び」、背教者となった。その後、日本人と結婚して沢野忠庵と名乗り、三〇人扶持の長崎奉行所御用人(「キリシタン目明し」)となってキリシタンの取締りに協力、残虐な弾圧の手先に転身した。

彼の背教は、イエズス会のみならずカトリック教会全体にとって、不名誉な苦痛であった。若い修道士らは競って日本派遣を志願した。その後マストリリ(一六三七年)、ルビノ他三神父(一六四二年）は日本に潜入したものの捕縛され、拷問（水責め、穴吊り、焼き鏝、口の鉄板）のあげく斬首という残酷な仕打ちを受け、全員殉教者となった。

一方で、一六四三年に筑前に上陸したマルケス、アロヨ、カッソラ、キャラの四神父は、フェレイラ等によって江戸に護送され、宗門改役の尋問と誘惑で全員が転び、小日向《こひなた》の屋敷に収容され、日本人妻を娶《めと》って余生を送った。キャラ神父は日本名岡本三右衛門、遠藤周作の『沈黙』の主人公ロドリゴのモデルとなった。私も学生時代『沈黙』を読み、その転びの深層心理、背教者フェレイラとの問答における葛藤、「穴吊りにされた信徒の呻きを救うための棄教」に「こういう捉え方もあるのか」と衝撃を受けたことを鮮明に覚えている。踏み絵を「踏むがいい」というキリストの悲しげな囁き、「愛のための棄教」は、あまりに重い一撃であった。

江戸切支丹屋敷という闇

江戸城からわずか二km程の小日向に切支丹屋敷跡がある。今は閑静な住宅街の坂道の脇に小さな碑が立っているにすぎないのだが、小石川の居宅の近くでもあり、散歩して通るたびに、この場で繰り広げられた歴史の重さに心が締め付けられる。一六四〇（寛永一七）年、島原の乱の功績によって一万石大名となり、キリシタン取締りの総責任者たる初代宗門改役となった井上筑後守政重は、拷問で棄教させた宣教師に女性をあてがい、収容するために小日向の屋敷地に「切支丹屋敷」といわれる施設を設けた。最初に収容されたのはイエズス会のＪ・ポルロ神父とマルチノ式見市左衛門神父であり、前述のごとく一六四三年に筑前から潜入した「ルビノ第二団」(マルケス神父他四人)も棄教を誓い、ここに収容されてきた。転びキリシタンとして扶持米を与えられ、生き長らえたのである。ただし史料に当たると、収容された神父たちの多くは数年で亡くなり、毒殺されたとの見方がなされている。屋敷は一七二四年に焼失、実体的機能を失い、一七九二年に廃止となり、跡地は鉄砲稽古場となったというが、一五〇年間「切支丹屋敷」が存在したのである。

シドッチと正対した新井白石

一七〇八(宝永五)年、イタリア人のジョバンニ・シドッチ神父が和服帯刀姿で「最後の潜入宣教師」として屋久島に上陸、薩摩藩により長崎に送られた。江戸送りとなったシドッチは、儒学者新井白石の四回にわたる尋問を受けた。尋問を踏まえ、白石は神父の処置について、「本国に返さること」を「上策」とし、「囚となしてたすけおかるること」(幽閉する)を「中策」、誅殺することを「古先聖王の道に遠かるべし」として「下策」とする意見書(「羅馬人処置献義」)を提出した。幕府は「中策」を採り、シドッチを切支丹屋敷に幽閉した。待遇は「毎日二汁五菜、二〇両五人扶持」だったという。

この尋問は日本精神史にとって重いものである。私は白石という人物の「知性の力」に深い敬意を抱くと共に、近代精神の芽生えを見る。彼はシドッチの学識・人間性を評価し、固定観念を捨ててキリスト教の教義を理解しようと『天主教大意』を研究し、出島の商館長と面会し、キリスト教の背後にある西洋社会の情報を集積して『西洋紀聞』を書いた。洋学勃興への道を開いたといえる。闇の中に一条の光を見る思いがする。シドッチが魅力的な人物だったことは想像に難くない。幽閉中の身でありながら、身辺の世話をしていた長介・はる夫婦を受洗させたことで、一七一四年屋敷内の半地下の詰牢に入れられ、七カ月後牢内で亡くなった。絶食して自殺したとも毒殺されたともいわれている。四七歳であった。

暑い夏の午後、私は小日向の切支丹屋敷跡を訪ね、坂道を登った。転び生き長らえた神父も、信仰を守り通して殉教した神父も、そしてその周りで奔流に巻き込まれた者たちも、過酷な不条理に向き合い、苦闘した歴史が存在したことが嘘のように、静寂に包まれた住宅地がそこにはあった。目頭が熱くなった。切支丹屋敷に向かう庚申坂上《こうしんさかうえ》に史跡案内があり、歌人金子薫園(一八七六〜一九五一年)の歌が書かれていた。

とぼとぼと老宣教師ののぼりくる　春の暮れがたの切支丹坂

今日我々は「信教の自由」を常識と受け止めるが、ここに至る過程で積み上げられた悲劇を重く心に刻まねばならない。

(2013・10)

追記：シドッチに関し、驚くべき発見があった。切支丹屋敷跡から発掘された白骨がDNA鑑定の結果、「ほぼシドッチに間違いない」ことがわかったのである。伝承は史実だったのだ(参照：『江戸の骨は語る――甦った宣教師シドッチのDNA』岩波書店、二〇一八年)。

内村鑑三　キリストに生きた武士

――明治期の知性――

「我いかに生くべきか」

内村鑑三の『後世への最大遺物』は小冊子である。岩波文庫でわずかに五九ページ分にすぎない。これは内村鑑三が明治二七（一八九四）年夏に箱根の芦ノ湖畔で行われたキリスト教徒夏期学校で行った講話を活字にしたものである。すでに一〇〇年以上が経過した講話が、かくも力をもって心に迫るものなのか。私はキリスト教徒ではないが、内村鑑三という人物の存在感には素直に頭を下げざるをえない。『後世への最大遺物』は、「我々は人生を通じこの世に何を残していけるのか」というテーマについての講話である。思えば、何とも深遠なテーマである。現代人は、このテーマ設定そのものに驚かされる。宗教者の講話であるこのような演題の小冊子が多くの読者を惹きつけた明治という時代の日本人の生真面目さに心打たれるのである。

内村は「我いかに生くべきか」を自らに問いかける。そして、自己の存在の証となるものを生涯に残そうとして、一体何が出来るのかを吟味していく。不朽の名声か、巨万の富か、教育的事業か、万人に読まれるような作品か。しかし、それらは特殊な個人にのみ残しうる稀有なものであり、万人に可能な「最大遺物」ではないとされる。そして、特別に優れた才能がなくても、金も地位もなくとも、学問がなくとも、「人生」という元手があれば誰にでも遺しうる生涯とは、「あの人はああやって真摯に生きた」という記憶そのもの、つまり「勇ましい高尚なる生涯」であると結論づける。この講演録が小冊子となって出版されたのは明治三〇年であるが、この書は、明治・大正・昭和を通じ知的青年たちに読み継がれてきた。多くの青年たちはこの書によって内村鑑三と出会い、感動と励ましを受けた。そして、我々は内村鑑三の生き方そのものの中に、壮烈な「高尚なる人生」を見るのである。

ところで、不思議な事実に触れておきたい。内村鑑三の代表作として知られる『代表的日本人』(原題 JAPAN AND THE JAPANESE)が刊行されたのが明治二七年であり、『余は如何にして基督信徒となりし乎』はその翌年であった。にもかかわらず、英文で出版されていったこれらの本が日本文に翻訳されたのは、実にそれから半世紀後であり、前著が昭和一六(一九四一)年、後著が昭和一〇(一九三五)年であった。とすれば、明治・大正・昭和初期の日本人の多くは内村の代表作を読んでいなかったということである。

新渡戸稲造が「母」ならば、内村鑑三は「父」である、という言い方がある。なるほど寛容で包容力あふれる新渡戸と、峻厳で妥協を許さぬ存在感を放つ内村鑑三は好対照である。同じく札幌農学校に学び、クラーク精神を継承してキリスト教に帰依し、同じく米国への留学を体験しながら、二人の人生はあまりにも異なるものとなっていった。

純粋で不器用な人生

私が内村鑑三に関する文献や資料を読んで痛感するのは、本当に「不器用な人生」を送った人だということである。親友新渡戸稲造が社会的ステータスを高め、資産を形成して世俗的にも成功者となっていったのに比べ、あまりにも純粋で不器用に生きたのが内村鑑三であった。私は深いためいきをつきながら内村鑑三の足跡を追った。

内村鑑三は文久元（一八六一）年、江戸小石川の高崎藩の江戸藩邸・武家長屋に高崎藩士の子供として生まれた。六歳まで生地で育ち、高崎に移って二年八カ月を過ごした。その後、父宜之《よしゆき》の転勤（高崎藩の飛地領地の監督管理者としての赴任）のため石巻、気仙沼と居を変え、廃藩置県後の明治四年六月に高崎に戻って約二年を過ごし、明治六年、一二歳の時に、有間私学校英学科に入学のために上京した。その四年後に新渡戸稲造たちとともに札幌農学校に二期生として札幌に移ったのである。内村鑑三は「上州高崎の人」というイメージがあるが、実際に高崎に住んだのは五年足らずであり、その意味では「故郷を持たない人間」であった。

内村鑑三は、本人自身が後に述懐しているが、根幹のところで「武士の子」であった。忠義一徹の侍であった父の薫陶を受け、幼少期の内村は四書五経をはじめとする儒教的教養を深めた。このことが内村鑑三の核心の部分に深く潜在し続けたといえる。内村の原点を理解する上で、実に印象的なシーンがある。札幌農学校に入学して間もない一六歳の少年内村鑑三が、上級生が強要するキリスト教への入信に対して「心の抵抗」に葛藤するシーンである。舞台は北海道の鎮守の杜たる札幌神社、現在の北海道神宮である。この札幌神社の拝殿に額ずき、内村鑑三は「真摯純粋なる祈り」を捧げた。異国の宗教たる耶蘇教に熱を上げる上級生の圧力に屈し、次々と改宗していく仲間に囲まれながら。「誰が耶蘇教に屈服するものか」と孤軍奮闘する内村は、「八百万の神様、どうか私に力を与えて下さい」と必死に祈り続けたという。

余談だが、この札幌神社は私自身にとっても思い出深い場所である。札幌で高校までの少年期を過ごした私にとって、札幌市街の西、丸山の麓にある札幌神社は、初詣や祭りの思い出とともに、折に触れ悩み事があると自宅から歩いて訪れた場所である。その頃は、少年内村鑑三がその場で祈りを捧げたということなど、まったく知らなかった。しかし、札幌神社の緑と不思議な霊気に包まれて「人生のこと」など生煮えな思索にふけっていたことはよく覚えている。

結局、内村も札幌農学校への入学後三カ月で、「イエスを信ずる者の誓約」に署名、翌年には洗礼を受けている。明治一四(一八八一)年に札幌農学校卒業後、開拓使御用掛となったが、翌年には退官し上京した。農商務省水産課に職を得て、明治一七(一八八四)年には上州安中出身の浅田タケと親の反対を押し切って結婚したものの半年で離縁。その年の一一月には傷心から逃れるように私費で渡米、以後三年半、米国での留学生活を送った。

米国留学と日本再発見

内村鑑三にとっての米国生活は、米国に幻滅し、日本を再発見する契機となった。最初の半年は、フィラデルフィア近郊の町エルウィンの精神病院の看護人の仕事をした。次いで、明治一八(一八八五)年の九月からは、旧知の新島襄の勧めによってマサチューセッツ州アマースト大学に選科生として入学、貧窮の中で勉学を続ける。この時、内村が修学したのは専門科目ではなく「一般教養」であった。後に「幸福な日々」と回想するほど人間教育の基盤ともいうべき「教養」を深める時間となった。西洋の歴史・哲学、ゲーテ、ダンテ、ワーズワースの詩文、聖書研究などを学び、これらは内村の思考の培養装置となっていった。

この頃、内村鑑三はクラーク博士と面談している。札幌農学校時代には、内村が二期生であったため直接教えを受けることはできなかったが、「青年よ、大志を抱け」の言葉とともに北海道を去った伝説の人物W・S・クラークである。内村はクラークの印象について、「彼ハ宗教家タル以上ニ軍人ナリ」という言葉を残しているが、想像していた偉大な宣教者のイメージからはかけ離れたクラークの姿を見たということであろう。この時期のクラークは、鉱山投資会社を起こしたものの、パートナーが引き起こした詐欺事件に巻き込まれ訴訟沙汰の最中であった。教育者としての名声は地に堕ち、俗臭漂う投機家として「失意の境遇」にあったクラークに会ったのである。クラークの死は、この面談のわずか半年後であった。ちなみに、札幌農学校の卒業生の中で、アメリカ帰国後のクラークに会ったのは内村鑑三だけであった。

アマースト大学での二年間の勉学を終えた後、明治二〇(一八八七)年九月から内村はコネチカット州ハートフォードの神学校に進む。内村の心には「牧師」の資格を取得しての帰国という希望が存在していたと思われる。しかし、内村は神学校に失望し、わずか四カ月で自主退学、帰国の途についた。職業的「神学者」や「神学」に対する失望が導いた結論だといわれる。形式主義を拒否し、内実のみを純粋に求める内村の頑なさを示す選択であり、後に「無教会派」運動の中心に立つ内村鑑三の萌芽でもあった。

「手ぶらの帰国」

内村鑑三研究の中でも優れた洞察に満ちた作品である武田友寿の『正統と異端のあいだ――内村鑑三の劇的なる生涯』(教文館、一九九一年)は、内村鑑三の米国留学について「手ぶらの帰国」という実に興味深い表現をしている。内村も『余は如何にして基督信徒となりし乎』において帰国の様子に触れ、「余の携え来たりし知的資本も亦余と同輩及び同境遇の国人の普通に携え帰るものと較べて著しきものではなかった。科学、医学、哲学、神学、――斯《か》かる類《たぐい》の一枚の卒業証書も余の鞄の中にはなかった。両親への贈物として其《それ》を以て両親を喜ばすことは出来なかった」と書いている。免許も資格もない裸一貫の帰国だったのである。ただし、内村の米国留学が無意味だったということではない。米国における内村鑑三は、自らを客観的に見直し、自らが日本人であることを痛感して帰国した。天職を故国日本の中に見出してきたのである。驚きでもあるが、以来六九歳で死去するまで、内村鑑三は一度も海外に行かなかった。留学中、辞書の裏表紙に書いたという"I for Japan, Japan for the World, the World for Christ, and All for God."が彼の心を語っている。二つのJ、つまりJAPANとJesus(キリスト)のために生きる決意を固めての帰国であった。

「不敬事件」という契機

帰国後の内村は新潟の北越学館の教師として赴任するが、ここでも宣教師団と衝突してわずか三カ月で帰京。その後、東洋英和、東京水産伝習所などで教壇に立ち、生活を立てていたが、明治二三(一八九〇)年九月、第一高等中学校の嘱託教員となり、ようやく人生に展望が開けはじめた。内村自身、気持が高揚した手紙を残している。ところが、突然の疾風怒濤に襲われ、人生は暗転する。「不敬事件」である。前年の明治二二年二月に大日本帝国憲法、この年一〇月には教育勅語が発布された。明治維新から二〇年が過ぎ、明治政府は天皇制を軸とした国家主義的色彩の強い体制を整えていった。その一環としての教育勅語には、明治天皇自らが署名され、全国に七つあった官立の高等中学校では教育勅語を拝受して、奉読式が挙行された。第一高等中学では、明治二四年一月九日に奉読式が行われたが、この時、卓上におかれた勅語に対し教員と生徒が「奉拝」する儀式がなされた。登壇して奉拝する順番になって、内村は敬意を表する礼をしたが、深々と敬礼することはしなかった。これが国粋主義的生徒や教員の攻撃の対象となった。さらに、全国の新聞がこれを取り上げるに至り、一大事件となっていった。

内村自身の説明を読んでも、確信があって奉拝を拒否したというものではなかったことがわかる。したがって、内村の伝記が「内村によって天皇の神格化と国家至上主義とが原理的に否定された」（関根正雄編著『内村鑑三』清水書院、一九六七年）というのは誇張である。内村は天皇制を否定するものでも批判するものでもなく、むしろ天皇に対し深い敬意を抱いていた。また、原理的に「天皇の神格化を拒否する」論陣を張っていたわけでもない。事大主義的な「奉拝」を強制することに対し、反骨心から瞬間的に拒否反応を示したわけで、信仰に基づいて天皇の権威を否定したものではない。にもかかわらず、国賊・不忠の輩・外教の奴隷として排撃を受けた内村は肺炎の床に伏せながら、校長の木下広次に「奉拝が宗教的礼拝ではないこと」を確認したうえで、同僚のキリスト教徒の教員・木村駿吉の「代拝」という形で最敬礼をやり直すことを承諾したが、結局、事態の収拾はできず、一月末に退職届を出すこととなった。第一高等中学に奉職してわずか四カ月での退職であった。「不敬事件」は不本意な事件ではあったが、内村鑑三という人間にとって重要な転機となった。皮肉なことに、これを機に彼の名は全国に浸透し、宗教的指導者としての権威のようなものを確立することとなった。また、「四面楚歌」の中で、自分の果たすべき使命を自覚する契機ともなった。それにしても、内村鑑三の人生には、自ら苦難を招き寄せる傾向が付きまとっているとしかいいようがない。

内村はその生涯に三度の結婚をしている。二三歳の時、浅田タケと結婚したが、タケとの間にできた長女ノブの誕生を待たずにわずか半年で離縁。次いで二八歳の時、二一歳の横浜加寿子と結婚、二年足らずで「不敬事件」の心労がたたり、加寿子が病死。その翌年三一歳の時、一八歳の岡田シズと結婚、シズ夫人とは生涯添い遂げている。彼の私的世界を注視して感ずるのは、純粋であるが故に妥協することを知らず、自分の判断に関しあまりに頑なということである。タケとの離婚についても、彼女の虚言癖とか「心の中での不貞」などという理由が伝えられているが、客観的にいえば、内村自身の古い「婦道観」に立った、女性への過剰期待が原因とされるべきであろう。内村鑑三が果たした社会的役割への評価を減ずるものではないが、「感傷的、浪漫的、詩的」な世界を生きる強烈な個性を持った男が思い通りに生きるということは、そのエネルギーに潰される多くの犠牲者を生むものなのかもしれない。

日本近代史との格闘

明治三三(一九〇〇)年、内村は雑誌『聖書之研究』を創刊、翌年には『無教会』を創刊、無教会主義キリスト教、すなわち神の創造した宇宙・天然をそのまま受け止める自然的キリスト教の思想的中心に立ち始めた。この前後、『国民之友』や『万朝報《よろずちょうほう》』などを舞台に、論壇で活躍するとともに積極的に講演活動を続けている。

内村の人生も日本近代史と格闘した人生であった。日清戦争を肯定支持したことと日露戦争に対し「非戦論」をもって批判したことを一対のものとして考えるとよくわかる。内村は『国民之友』

に発表した「日清戦争の義」において、退嬰《たいえい》した国たる清国が朝鮮を独占し、朝鮮の進歩を遅らせようとしているとして、この戦争の意義を正当化した。しかし、戦勝気分の中で「日本の正義」が実は危ういものであり、「海賊的戦争」になってきたことに疑念を抱き始める。そして、それが一〇年後の日露戦争における「絶対非戦論」になっていくのである。

日露開戦の前年の明治三六(一九〇三)年、内村は『聖書之研究』や『万朝報』を舞台に日露非戦論、戦争絶対反対論を展開した。「余は日露非開戦論者であるばかりではない、戦争絶対反対論者である。戦争は人を殺すことである。そうして人を殺すことは大罪悪である。そうして大犯罪を犯して個人も国家も永久に利益を収め得ようはずがない」と『万朝報』で論じた内村は、開戦論の立場をとっていた社主の黒岩涙香と快を分かち、客員として筆をふるっていた万朝報を退社した。以後、内村鑑三はジャーナリズムに戻ることなく、無教会主義キリスト教の伝道者としての孤高の道を歩み続けた。国際基督教大学の武田清子名誉教授は、『峻烈なる洞察と寛容――内村鑑三をめぐって』(教文館、一九九五年)において次のように述べる。「特殊的な民族文化・伝統思想の中の排他的・独善的要素と闘い、それを排除し、同時に、民族文化のふところから人類的・普遍的価値につながりうる要素を大切にすくいあげて、普遍的価値につなごうとする試みは、内村鑑三も、新渡戸稲造も驚くほど熱心に行っています」。武士の子供として生まれ、押し寄せる西洋化の潮流の中で世界に雄飛し、近代日本の進路について深く考え抜いた先人の姿を我々は見上げるのである。

「一人の日本人、武士の子、独立のキリスト者」、内村鑑三は自らをそう呼んだ。それは鮮明なアイデンティティであった。

今日、グローバル化の潮流の中で、日本人の中には国籍、民族性を希薄にしていくことをグローバル化と誤認し、国籍不明、アイデンティティ欠落の「国際人」が横行している。世界は国籍不明のコスモポリタンを尊敬しない。それは、私自身が一〇年以上も米国や欧州で生活し、世界を巡ってきた実感である。自分が何者であるかを真剣に問い詰める姿勢の中から相手が背負う世界への共感や理解が生まれるものだからである。キリストに生きた武士、内村鑑三が死んだのは昭和五(一九三〇)年であった。満州事変が起こったのはその翌年である。大日本帝国によって指弾され黙殺された内村鑑三を、敗戦後の日本は思い出した。「不敬事件」や「非戦論」が戦後の風潮に合致したためであった。内村鑑三は文化人切手にも顔を連ねるようになった。多磨霊園に眠る内村は苦笑いをしているであろう。

(「キリストに生きた武士、内村鑑三の高尚なる生涯」『二十世紀と格闘した先人たち』(新潮文庫、二〇一五年、所収)を改題し修正を加えた)

「われ太平洋の橋とならん」
――憂国の国際人、新渡戸稲造――

本質は「偉大な教育者」

旧五千円札の顔、新渡戸稲造の「願わくはわれ太平洋の橋とならん」という言葉は、クラーク博士の「青年よ、大志を抱け」の応答歌だったともいえる。直接クラークの薫陶を受けたことはなかったが、札幌農学校の二期生として、新渡戸稲造もまたクラーク精神の継承者であった。

岩手県盛岡市の盛岡城址に立つ「われ太平洋の橋とならん」の碑を、私が最初に目にしたのは大学生の時であった。すごいことを言う人がいるという印象であった。その後、自分自身が米国ワシントンに勤務し、六年間もワシントン郊外のメリーランド州ベセスダに住むこととなり、新渡戸が留学したジョンズ・ホプキンス大学のあるメリーランド州ボルチモアを何度となく訪ね、新渡戸の足跡に思いを馳せる体験をした。ワシントンからボルチモアは車で一時間ほどで、大リーグのボルチモア・オリオールズの本拠でもあり、野球観戦に足を運んだこともあるし、巨大な回遊型水族館を訪ね、近くの海岸沿いのショッピング・モールで食事をするのも楽しみだった。そんな時、一〇〇年以上も前、この街に一人降り立った二二歳の青年新渡戸稲造を思ったものである。

新渡戸稲造は、文久二(一八六二)年八月、南部藩士新渡戸十次郎の三男として盛岡に生まれた。祖父新渡戸傳《つとう》は、やはり南部藩士として、三本木原野の新田開発に多大の功績をあげた人物で、十和田湖から流れ出る奥入瀬川から全長一一kmもの穴堰・陸堰を掘る難工事を四年かけて完成させた。不撓不屈の精神で志を貫いた祖父の存在は、稲造の人生にとって無言の感化となった。

六歳の時、父を失った稲造は、一〇歳で父の弟太田時敏《ときとし》の養子となり、母の元を離れ上京した。築地の外人英語学校や東京英語学校(後の大学予備門)などで英語を学んでいたが、「祖父の血」とでもいおうか、開墾事業への関心から、明治九(一八七六)年に北海道開拓使による札幌農学校設立と官費生募集という話を聞き、早速願書を提出して合格となった。ただし、年齢がまだ一四歳であったため、次の年に二期生としての入学となった。この時、同期で入学した一七名の中に、内村鑑三、宮部金吾がいて、兄弟のような親交を持つようになった。

新渡戸稲造が札幌農学校に入学したのは明治一〇年九月、クラーク博士が札幌を去って五カ月後であった。クラークのキリスト教による感化の影響は学園に満ち溢れ、新渡戸も入学一カ月で「イエスを信ずる者の誓約」に署名、翌年六月には内村鑑三等とともに、メソジスト派宣教師M・C・ハリスから洗礼を受けている。キリスト教に入信した札幌農学校の学生たちは、聖書の研究会などを通じ信仰を深めていった。「稲造は理路整然として学者風であったし、内村は烈火のように熱のある説教で人をうつものがあった」という。

札幌農学校時代からの青年期の新渡戸稲造の歩みを追ってみると、決して順調とはいえぬ苦悶の跡がうかがえる。誠実さ故に自己懐疑的で、学業や信仰について悩みがちであったことに加え、眼病に苦しみ何回か神経症になっている。札幌農学校卒業後、北海道開拓使、農商務省、札幌農学校などに奉職しているが長く続かず、東京大学に入学したものの失望し、明治一七年にアメリカへの私費留学を果たした。

新渡戸はボルチモア市のジョンズ・ホプキンス大学で経済学・史学・文学を三年間学んだ後、明治二〇年に札幌農学校助教授に任ぜられ、農政学研究のため米国から直行でドイツ留学へと向かった。ボン大学、ベルリン大学、ハレ大学において農政・農業経済学、統計学などを学び、一八九一年にカナダ、米国各地を回って帰国、札幌農学校教授となった。この間、ボルチモアのクエーカー教徒の集会に参加、ボルチモア・フレンズ会の会員となり、この縁で帰朝途上の明治二四年にフィラデルフィアのフレンド派の名門出の才媛メアリー・エルキントン嬢と結婚した。

新渡戸稲造は多彩な顔を持っている。宗教家、教育者、農学者、知的国際人、ベストセラー本の著作者など、驚くほどの行動力で時代を駆けぬけた「知の巨人」であった。だが、彼の人生の本質は何であったのかを問い詰めるならば、偉大な教育者であったというべきであろう。

日本におけるアメリカ研究の草分け的存在である高木八尺《やさか》は、新渡戸が第一高等学校の校長を務めていた時の教え子であるが、明治三九(一九〇六)年から大正二(一九一三)年にかけての七年間、新渡戸自身四四歳から五一歳の最も脂ののった時期に第一高校の校長として多感で優秀な若者を教育した足跡は大きかった。また数ある新渡戸稲造の伝記の中でも、敬愛と抑制に満ちた叙述で心に残る『新渡戸稲造』(みすず書房、一九六九年)の著者である松隈俊子(一九〇〇~九六年)は、新渡戸が大正七(一九一八)年に東京女子大学初代学長に就任し、国際連盟事務局次長に去るまでの教え子であった。

『武士道』に込められた思い

新渡戸の名著『武士道』"BUSHIDO: The Soul of Japan"が米国で出版されたのが一八九九年であった。この頃内村鑑三の『代表的日本人』(一八九四年)も岡倉天心の『東洋の理想』(一九〇三年)『日本の覚醒』(一九〇四年)『茶の本』(一九〇六年)も相次いで英文で世界に向けて発信されている。

明治維新から三〇年が経過し、国際社会の中に先頭を切って入っていった日本人の中から、「日本人とは」「日本とは」という真剣な問いかけが湧き起こり、それぞれ独自の考察から作品が創りだされたということである。今日、私自身が世界中の本屋に立ち寄る機会を通じ、日本に関する本が置いてあるコーナーを注視してみて、一〇〇年前の先達が書いた本を、問題意識と内容において超えている作品がないことに気づく。明治の先達は、押し寄せる「西洋化」という潮流のなかで、懸命に「日本とは」と自尊をかけて問い詰めていたのである。

今日『武士道』は、三〇を超える言語に翻訳され、日本的精神を解き明かす本として不朽の地位を保っている。この本を書いた時の新渡戸稲造は三七歳。米国、ドイツへの留学を終えて二九歳で帰国、母校札幌農学校の農政学や殖民論の教授を七年間務めた後、過労による神経症の療養も兼ねて再び渡米し、カリフォルニアでの執筆であった。

新渡戸が『武士道』を執筆する契機は、ある西洋の学者に「日本には宗教教育はないのですか」と質問され、「ありません」と答えたものの、「ではどうやって道徳教育を授けるのですか」と問い詰められ、答えに窮した体験だったとされる。その後、新渡戸は自らの心の中にある正邪善悪の観念を形成している要素を分析した結論として、日本人の中に宿る価値基準の基底に「武士道」の影響を見出していった。いうまでもなく、執筆時点での新渡戸は、すでに敬虔なキリスト教徒であり、欧米で古今の哲学・歴史・文学を学んだ、当時としては「最も西洋の宗教・思想に精通した人物」であったが、その彼が自らの価値基軸の深層にあるものを「武士道」として抽出したのである。

今日、『武士道』などというと、忠君・切腹の封建的価値として時代錯誤的響きをもつが、実際にこの本を読むと、現代を生きる我々の価値も「武士道」の暗黙の継承の中にあることに気づかされる。ここでは『武士道』の内容を詳しく吟味する意図はないが、「義」「勇」「仁」「礼」「誠」「名誉」「忠義」などといった武士道の中核をなす価値が、日本人の行動選択を支える美学を形成してきたことが説得的に解説されている。そして、それは実際の日本人の「ある姿」よりも「あるべき姿」を自分自身をも含めた日本人の行動規範として提示しようとしたのかもしれない。

戦後の社会科学を学んだ人間としては、武士道がいかなる政治体制によって利用されたか懐疑的にならざるをえず、単純に武士道を礼賛する気持にはなれないが、効率や打算を超え、見返りを求めぬ平常心でことに当たる「サムライ精神」が日本人から失われてよいとも思わない。新渡戸は『武士道』の結びにおいて、「不死鳥はみずからの灰の中から甦る」として、武士道が制度としては滅んでも、人生を豊かにする徳目として生きていくことを語っている。功利主義や唯物論に対峙できる道徳体系としてのキリスト教を志向しながらも、新渡戸は「何世代か後に、武士道の習慣が葬り去られ、その名が忘れ去られるときが来るとしても、「路辺に立ちて眺めやれば」、その香りは遠く離れた、見えない丘から漂ってくることだろう」と述べる。そして今、我々がその「何世代か後」に立っていることになる。

ところで、『武士道』は思いもかけぬ歴史的役割を演ずることになる。一九〇四年、日露戦争への米国の支援を働きかけるために渡米した金子堅太郎が、セオドア・ルーズベルト大統領に進呈したのが『武士道』であった。この本をルーズベルトは熟読し、「日本国民の徳性」を理解しえたとして、この本を三〇冊も購入して五人の子供や友人に配ったことを金子に伝えており、このことは『日本外交文書　日露戦争V』(巖南堂書店、一九六〇年)に記載されている。日露戦争の講和仲介者としてルーズベルトが動きだす心証に、新渡戸の『武士道』を通じた日本理解が影響を与えたことは間違いない。

国際連盟次長としての活躍

大正九(一九二〇)年五月、新渡戸稲造はスイスのジュネーブに新設された国際連盟の事務局次長に就任した。国際連盟は第一次世界大戦後のベルサイユ講和会議を受けて同年一月に創設されたが、事務局次長のポジションを提示された日本は人選に苦しんだ。ベルサイユ会議の全権の一人牧野伸顕《のぶあき》が、大正八年六月、後藤新平伯の欧米漫遊旅行に同行してパリに現れた新渡戸稲造を説得、「国際機関での仕事に耐えるかけがえのない人材」として実現したというのが背景であった。

新渡戸は東京女子大学学長という立場のまま、国際連盟事務局次長に就任、七年間ジュネーブを舞台に活躍する。事務総長は英国のドラモンド卿であったが、欧州各地での国際連盟精神を定着させるための講演などは大半を新渡戸が引き受けることとなった。新渡戸のたんなる雄弁を超えた不思議な説得力をドラモンド卿が評価したためであった。

新渡戸がジュネーブで国際連盟に情熱を傾けた一九二〇年代は、日本が「ベルサイユ・ワシントン体制」といわれた第一次世界大戦後の多国間秩序のなかで、国際協調主義を探究した時期であった。ベルサイユ講和会議に列強の一翼を担う形で参加し、大正一〇年のワシントン会議で日英同盟を解消して「大国間の多国間ゲーム」に参入した日本は、当時の日本で極めつきの国際人たる新渡戸稲造をジュネーブに送り込んだのである。

連盟事務局員から新渡戸への「送別の辞」

昭和二(一九二七)年一月、新渡戸は七年間の重責を果たし、国際連盟事務局次長を辞任、帰国の途に就いた。すでに東京女子大学の学長は大正一二年に辞任していたが、大正一四年には帝国学士院会員、昭和元年には貴族院議員に勅選されていた。新渡戸の帰国に際し、国際連盟の事務局員一同が新渡戸に贈った「送別の辞」は実に心を打つものである。

このことを私に示唆してくれたのは、新渡戸の熱き研究者でもある原田明夫元検事総長であるが、なるほど読んでみて、たんなる義理の送別文ではなく、いかに新渡戸が多くの事務局員に敬愛されていたかが伝わってくる。「東洋社会の理念の受託者」として「行動よりも大切な静思」や「戦勝よりも大切な理念」があることを、新渡戸が「自らの実例によって教示した」ことが、送別文に見事に表現されている。送別文は次の言葉で締め括られている。「この平和の砦の前哨基地を通行して行かれるのに当たって、私達は貴方に「友を通せ！(Pass friends!)」という言葉をお贈りします」。

スイスのジュネーブ、レマン湖畔の丘に立つ国際連合欧州本部、かつて国際連盟の本部があったこの場所を、私も何回か訪れたことがある。国連加盟国でもないスイスに、現在でも一五の国連機関の本部が置かれ「国連欧州本部」が存在することは奇異な感もあるが、国際連盟本部が存在していたという背景があってのことなのである。この地で七年間奮闘した新渡戸が去ってから六年後の昭和八年三月、満州問題で孤立した日本は首席全権松岡洋右《ようすけ》の「連盟よさらば」の演説によって国際連盟を脱退した。

ジュネーブから帰国した新渡戸は、日本の迷走の中で苦闘する。満州事変を契機として軍部の力は大きくなり、昭和七年には便乗した右翼によって井上準之助前蔵相、団琢磨の暗殺、さらには五・一五事件などが続いた。この年の二月に愛媛県松山で行った講演の後、新渡戸が語った新聞記者への話の中の「日本を滅ぼすものは共産党と軍部」という一言が反国家思想と指弾され、新渡戸は危険な自由主義者として追い詰められていく。満州事変以後、米国の対日感情は一段と悪化、危機感を強めた新渡戸はこの年七月、一民間人として日米相互理解のために渡米、フーバー大統領、スチムソン国務長官等と面談したり、ラジオ放送、一〇〇回を超す講演などを通じて日本の立場を説明して回った。

翌昭和八(一九三三)年三月に帰国したが、国際連盟を脱退した日本の孤立を憂いて、太平洋問題調査会の理事長として再び太平洋を渡ることを決意、同年八月カナダ、バンフで行われた太平洋会議に出席した。その後、米国東部・南部の講演旅行のためカナダ東部のビクトリアに立ち寄った際、膵臓難症を発病、そのまま異郷の地に客死した。国内にあっては対米協調論者として冷淡視され、海外においては軍部に妥協した変節者として論難された新渡戸の悲しみは深かった。「太平洋の橋」となろうとした新渡戸の最後は空虚な幕切れとなった。

温かく厳しい魂の持ち主

教育者・宗教家としてのイメージからすれば意外なことだが、新渡戸稲造という人物は世俗的にも成功者であった。最後に居を構えた小石川小日向の邸宅は、敷地数千坪、洋室・和室合わせて二〇を超す豪邸で、庭には灯籠・泉水・樹木という見事なものであったという。奇しくも、本章の「それからのキリシタン」で言及した、江戸期に切支丹屋敷が存在した場所から徒歩五分もしない場所にその邸宅はあった。訪れた旧友の内村鑑三が「これでは悪口をいわれるのも無理はない。折を見て注意するであろう」と語ったほどである。

何故かくも資産家になったのか。それはベストセラーとなった著作を何冊も書いたからで、彼のような知的権威者の作品としては首を傾げるような大衆向けの本を出版しているのである。その代表格が大正元(一九一二)年に出版された『世渡りの道』である。今日的判断からすれば、あからさまな立身出世主義とそれを促す技術論を展開しているにすぎない著作と認識されかねないが、内容は示唆的で重厚なものであり、新渡戸が生きた時代の日本を再考するならば、これらの著作が持った意味も理解できるような気がする。

松隈俊子の『新渡戸稲造』の中に、稲造の母せきが東京に養子に行った稲造に明治九(一八七六)年に送った手紙が紹介されている。稲造一四歳、東京英語学校において英語・英文学の修業中であった。「それに付ても何分何分心を正しくし、名を高くかがやかし被下度《くだされたく》、おまへかたよき人々にならざれば、母ににて子供らは馬鹿じゃといはれ可申《もうすべく》、どふぞどふぞおぢい様やお父様の子じゃといはれ候《そうろう》様ひとへにたのみ申し候」とあるが、六歳で父を亡くし、一〇歳で故郷盛岡から父の弟の養子となって上京した稲造に、母は手紙のたびに「家名を汚さぬよう、ご先祖様を辱しめぬよう、祖父様や父上のように偉い人にならないと、お母さんっ子だと言われる。一所懸命勉強して、有名な人になっておくれ」と繰り返し繰り返し書き送っている。新渡戸の場合、特殊な境遇にあったとはいえ、「身をたて、名をあげ」国家有為の人材になることは、日本近代史を生きた青年の大部分がごく自然に人生の目標としたテーマであった。この目標が戦後日本人においては静かに消えていったといえよう。

佐藤全弘著『新渡戸稲造の世界』(教文館、一九九八年)、同編著『現代に生きる新渡戸稲造』(教文館、一九八八年)、さらに盛岡の新渡戸基金が発行を続ける『新渡戸稲造研究』(一~七号)を読むと、新渡戸稲造という人物がいかに多くの人に影響を与え、そして敬愛されたのかに驚かされる。そして、「憂国心と国際心の権化」として世界を舞台に活動した公人としての足跡もさることながら、生身の人間として直接触れ合った人々に感動と生きることへの示唆を与えた「人間新渡戸稲造の温もり」に強く心を動かされる。いばらず、親しみやすく、研究心旺盛で、涙もろく、いつも笑顔が印象に残る「快い雰囲気を持った人物」という存在感は、聖俗併せ持つ「人間の大きさ」を思わせるのである。

新渡戸稲造こそ近代日本が生んだ「世界を見た知性」であり、大きく、温かく厳しい魂の持ち主であった。悩み深く傷つきやすかった青年は、世界の大海を見ながら、大きく強い存在となった。そして、日本近代史の宿命を担いながら、東西の融和を夢見つつ、カナダの地に客死した。

(「「太平洋の橋」になろうとした憂国の国際人、新渡戸稲造」『二十世紀と格闘した先人たち』(新潮文庫、二〇一五年、所収)を改題し修正を加えた)

V

神仏習合

——日本宗教史の避けがたいテーマ——

六世紀の仏教伝来以来、日本精神史の宿命のテーマが仏教と神道の関係性である。教義・教典の体系性において圧倒的な存在感を持ち、しかも、空海、親鸞、日蓮などにより創造的に進化して民衆に根付いていった仏教の影響を受け、自然と祖先を崇敬して八百万の神の下での清浄を祈る神道も、「神仏習合」、そして自立した神道へと、時代と共に位相を変化させてきた。

とくに天皇制との関係において、神仏習合の意味は微妙に揺れ動いてきた。それでも明治維新までは、「天皇は仏教徒」であると同時に「神祇神道」の宰主であり、ある意味「おおらかな習合」の時代を続けてきた。天皇親政の「国家神道」による統治を目指して維新を迎え、その上に近代国家としての体制を載せた明治から敗戦までの八〇年は日本史における特異な時代であり、その危うさの帰結が一九四五年の敗戦であることを真剣に考察しておきたい。

江戸期の仏教への再考察
――日本人が身につけたもの――

江戸幕藩体制三〇〇年において、仏教は形骸化し、堕落したとみるのが、日本仏教史の定説(辻善之助『日本仏教史』など)であった。確かに、本山が末寺までを統括する「本末制度」、さらに寺院が村落の檀家を束ねる「寺檀制度」によって国家権力の統治機構に組み込まれた仏教となることによって、仏教教理の原点が見失われ、仏教の形式化が進んだことも否定できない。日本の仏教は衆生救済の宗教というよりも民衆統治の機構の一部になったともいえる。幕府は一六三五年に寺社奉行を配し、一六六五年には「諸宗寺院法度」を出し、寺院統制に踏み込んだ。

幕府による仏教統制はキリシタン禁制との相関で強化されていった。すでに秀吉の時代から「伴天連追放令」(一五八七年)が出されていたが、本格的に徹底されたのは、江戸幕府によって一六一二(慶長一七)年に「伴天連門徒 御禁制也」という禁止令が出され、「宗門改め」が制度的に強制されたことによる。全国的に寺院単位で「寺請制度」による住民の統制がなされ、これが実体的に戸籍管理の制度化となった。島原の乱(一六三七～三八年)を経てキリシタン禁制が強化され、それは仏教統制を通じて展開された。

徳川家と仏教――浄土宗と天台宗

本来、徳川家は浄土宗の檀家であった。三河岡崎の領主であった時代から岡崎の大樹寺が菩提寺だった。そのため浄土宗の増上寺が江戸における徳川の菩提寺となった。ところが、家康が天台宗の僧侶天海(一五三六〜一六四三年)を重用し、しかもその天海が、当時としては驚きの一〇七歳までの長寿を全うしたことが、三代家光までの徳川初期の宗教政策に大きく影響した。天海により一六二五(寛永二)年に開山された天台宗の上野寛永寺(寺領・境内合わせて三二万坪)が重きをなし、一六一六年、家康の死後は天海の「神仏習合神道」に基づき、家康を神格化して「東照大権現」として日光に祀り、天台宗の輪王寺が取り仕切った。

三代家光は日光に、四代家綱、五代綱吉は寛永寺に葬られたが、以後歴代将軍は増上寺と寛永寺が半数ずつ将軍家の菩提寺としての役割を分担した。幕府は朝廷に皇子の「東下住持」を要請、皇族が寛永寺と輪王寺の門跡となって権威付けをする体制をとった。徳川御三家の宗派も実に微妙で、尾張は浄土宗、紀州は天台宗であり、水戸だけが二代光圀の影響で儒教にこだわり、葬祭に仏教の関与を許さなかった。水戸出身の一五代慶喜は朝廷に配慮し、遺言で神式での葬儀を寛永寺で行い、谷中墓地に埋葬された。

徳川家康は、織田信長、豊臣秀吉が仏教の統制に手を焼くのを目撃してきた。そのため、「仏教を保護しつつ統制すること」に腐心した。一六〇一年から一五年にかけて寺院法度を宗派ごとに発布して統制を図った。とくに、本願寺系の一向一揆の抵抗を恐れ、浄土真宗の分断統治を図り、一六〇二年に第一二世相続に当たり、顕如の長男教如に対して、家康は京都烏丸に寺地を与えて東本願寺(真宗大谷派)を別立させた。仏教宗派の多くが、幕府の体制維持装置になっていく中で日蓮宗不受不施派の頑強な抵抗と幕府による弾圧には特筆すべきものがある。一五九五年に豊臣秀吉が大仏妙法院で行った千僧供養会に各宗派の僧侶一〇〇人を招いたが、一切応じなかったのが妙覚寺の日奥《にちおう》(一五六五一～一六三〇年)であり、「不信の者から施しは受けない」という姿勢を貫く日奥は、一五九九年の徳川家康の千僧会にも応ぜず、流罪となった。以後、幕末まで日蓮宗不受不施派へのおびただしい検挙、斬首、流罪が繰り広げられた。

江戸幕府の権力機構に組み込まれた仏教に自立的役割はあったのであろうか。末木文美士の『近世の仏教』(吉川弘文館、二〇一〇年)は江戸期における仏教を「堕落」と決めつけるのではなく、「民衆世界に華ひらいた」という視界を提起しており、示唆的である。中国からの黄檗《おうばく》宗の影響と出版文化の隆盛という要素が江戸期における仏教の民衆への浸透をもたらしたという指摘は重要である。

一七世紀中国における漢民族支配の明王朝から満州族支配の清朝への政権交代が、中国の儒学者や僧侶の日本への亡命をもたらしたが、とりわけ、明の復興を目指して台湾を支配した鄭成功《ていせいこう》が仕立てた船で、一六五四年に来日した隠元(一五九二～一六七三年)による黄檗宗の登場が仏教界に与えた刺激は大きかった。宇治の万福寺を基点に活動した隠元によって導入された、明朝禅林の生活規範たる「黄檗清規」が仏教界を動かす一方で、世俗に配慮した柔軟な「心の染浄」（自己の本来有する仏性の顕現）を重視する姿勢は江戸期仏教に静かに影響を与えた。黄檗系の僧侶が中国の木版技術によって「大蔵経」などの経典を普及させ、木版の「仮名法語」は民衆に仏教理解を促したことも大きかった。

また、江戸期における日本各地の村落における寺院の役割や寺子屋の活動に関する文献を見ると、社会インフラとしての仏教寺院の果たした機能が印象づけられる。元禄期（一七世紀末）、幕藩体制下の日本において六万三二七六の村が存在したという。農耕社会を形成するそれぞれの村に「名主、庄屋、惣代」などの村役人が存在し、村のまとめ役として年貢の徴収などを担っていた。また、ほぼすべての村に寺が存在し、秩序の支柱となっていた。先述のごとく寺請制度、檀家制度などで統治機構の一翼を担っていたわけだが、日常的には寺子屋での手習い教育、貧窮者の救済、家事もめごとの仲裁など、福祉という概念もなかった時代に、ソーシャル・キャピタルとしての機能を果たしていた面も見逃してはならないだろう。明治期に近代的学校制度が始まる前に、日本人の識字率がきわめて高かったのも、「読み書き算盤」を教える寺子屋が機能していたためであり、江戸期に蓄積された知の基盤が大きな意味を持った。

もちろん、越後の自然と子供たちの中に身を置き、寺さえ無き僧侶として清貧に生きた良寛（一七五八～一八三一年）のような僧侶ばかりとはいえぬが、仏僧が村落の日常において持った意味は大きかった。良寛の句に「鉄鉢《てっぱつ》に　明日の米あり　夕涼み」があるが、こうして質実に生きる姿が、彼を取り巻く人々の心の灯であった。

江戸期の天皇と仏教――「泉涌寺」という存在

江戸期、寺檀制や菩提寺の定着により、ほぼすべての日本人が仏教徒であった。将軍から武士、町人、農民まで誰もがどこかの寺の檀家であり、天皇とて例外ではなかった。天皇家にも菩提寺が存在し、それが京都東山の泉涌寺《せんにゅうじ》だった。本章「天皇と仏教」で詳述するが、泉涌寺は平安時代初期に草創された。その後荒廃、鎌倉時代に再興され、一二一八（建保六）年からは、律、天台、真言、禅、浄土の五宗兼学の道場として栄え、一二歳で亡くなった四条天皇（八七代、在位一二三二～四二年）の陵墓が設けられて以降、朝廷にとって特別の存在となった。とくに江戸期の朝廷と泉涌寺の関係はより密となり、一〇八代の後水尾天皇から一二一代の孝明天皇に至る歴代天皇・皇后の葬儀は一貫して泉涌寺が執り行い、その陵墓（月輪陵、後月輪陵、後月輪東山陵）もすべて境内に造られた。

明治期に入り、「廃仏毀釈」の中で、泉涌寺の陵墓はすべて国に没収され、宮内省（現・宮内庁）の管理下に置かれた。寺領を圧縮された泉涌寺は苦難の時代を迎える。国家神道を際立たせた明治憲法下の仏教寺院として、「御寺」とまで呼ばれた天皇家の菩提寺でありながら、限られた御下賜金での運営を余儀なくされた。一九四七年の日本国憲法で政教分離が定められて以降は「国家神道」の圧力は回避できても、天皇家の内廷の私費の御下賜だけでは檀家のない寺門の維持は苦しく、「伊勢神宮、橿原神宮、泉涌寺」を三大聖地とする宗教法人「解脱会」の支援などによりなんとか護持されてきた。一九六六年以降は皇族を総裁とする「御寺泉涌寺を護る会」が設立され、民間篤志家の支援により維持されている。日本人の多くは今日でも天皇と神道の関係だけを認識しているが、一五〇〇年に及ぶ日本仏教史の中で築き上げられてきた天皇と仏教の関係を忘れてはならない。

ところで、江戸期の日本は「儒教の時代」というイメージが強い。家康の「侍講」として儒書を講じた林羅山の孫・林信篤が「大学頭《だいがくのかみ》」に任じられてからは林家が大学頭を世襲していたが、正式に儒教が幕府の「正学」とされたのは、一一代将軍下の一七九〇年松平定信の「寛政異学の禁」(湯島聖堂での朱子学以外の教授を禁止)からであった。江戸初期の儒学を支えた藤原惺窩《せいか》、林羅山、山崎闇斎《あんさい》という三人は仏門(臨済宗)から還俗して儒者となっており、儒学は宗教というよりも世俗社会を生きる規範に関する学問体系だったというべきかもしれない。

江戸期儒学の世界に屹立する二人、新井白石と荻生徂徠の果たした役割については本書VI「新井白石と荻生徂徠――時代と正対した二人の儒学者」で論究するが、儒学の側からの仏教批判は手厳しく、仏教の出家主義や現世否定的傾向、檀家制度に依存した僧侶の権勢と安逸、教理における「輪廻転生《りんねてんしょう》、地獄極楽」による民衆恫喝《どうかつ》などが、現世への主体的関与を重視する儒学とは相容れないものになっていった。新井白石の『鬼神論』はその意味で刺激的である。

国学・神道の側からも仏教批判の動きが胎動し始めた。国学の祖とされる本居宣長については、VI「本居宣長とやまとごころ」において論じるが、「もののあわれ」から「古学」に踏み込んだ宣長の真髄は、「からごころ」、すなわち中国の文明文化に依存した世界観(華夷思想)の呪縛を解き、日本人の精神性を古層に求めることであり、「やまとごころ」の復権にあった。その目線からは、儒教は「唐土の道」であり、仏教は「天竺の道」が漢字文化を通過して伝わったもので、あくまで外来の道だったのである。

こうした、儒教、国学・神道側からの仏教批判の嗚動こそ、明治期に吹き荒れる「廃仏毀釈の前史」であり、伏線であった。仏教への論難に対して、仏教側からの対応の軸となったのは浄土宗の大我（一七〇九〜八二年）などによって主張された「三教一致論」であった。すなわち、儒教、仏教、神道の帰するところは「天下を安んじるための勧善懲悪の倫理性」にあるとする姿勢である。「三教一体」と単純に括れるものではないが、現代世界を生きる日本人として、自らの心の中に在る価値基準を自問するとき、個人差はあっても、何らかの形で儒・仏・神の重層的価値の影響を受けていることに気づくはずである。

そして、それが江戸期という期間を通じて醸成されたものだということも間違いなかろう。幕府の正学として、武士層の思想の軸になっていった儒教、寺檀制度を通じ、日常性の中で民衆の精神の基層を形成した仏教、土着の自然崇敬と祖先祭祀を基盤として掘り起こされた古層としての国学・神道、これらが複合化して化学反応を起こし、日本人の「魂の基軸」を形成したといえる。それを新渡戸稲造のごとく「武士道」と呼ぶか、「和魂洋才」論における「和魂」と呼ぶかは別にして、日本人の深層意識における価値は、明治以降の日本近代史にも投影されていくのである。

（２０１９・12）

日本と天皇の始まり
——天武・持統期の革命性——

親鸞の神道に対する姿勢は、師たる法然の「神祇不拝」(日本古来の神々を拝まず)を受け継ぐとされるが、阿弥陀仏への帰依により「天神地祇」(神祇)が念仏者を護るという「仏教優位の神仏習合」の考えを展開していたことについてはすでに触れた(本書Ⅲ「親鸞によるパラダイム転換——その仏教史的な意味」)。では、鎌倉仏教のもう一人の支柱である日蓮の神祇観はどうだったのか。

日蓮は仏教の他宗派を激しく批判攻撃(「念仏無間《むけん》、禅天魔、真言亡国、律国賊」)する一方で、法華経に基づく「正法」を擁護する神々の中心に天照大神、八幡大菩薩を置く姿勢を示した。

佐々木馨の『日蓮の思想史的研究』(山喜房佛書林、二〇一一年)によれば、日蓮の神祇への姿勢は微妙に変化しており、神祇の受容から懐疑、そして批判へと変わっていった。とくに、佐渡流罪後は、日本国の守護神としての神祇という認識から「法華経神祇」(法華経を守護する神々)という見方に変わったという。

日蓮の死後、日蓮宗における神祇信仰の位置付けは「三十番神信仰」とされ、一カ月の三〇日を三〇の神々が交代で法華経護持に当たるという認識になる。たとえば、熱田大明神、諏訪大明神、天照皇太神、八幡大菩薩などが三十番神として役割を果たすという意味である。つまり、親鸞と日蓮という鎌倉仏教の優れた二人の思想家が、仏教を護持する守護神として神祇を捉えていたことは、日本精神史において認識しておくべきであろう。鎌倉期においては、基本的に「仏教優位の神仏習合」という視界が採られたということである。この鎌倉期に至る「神道と仏教の関係」を根底から再考しておきたい。それは日本的霊性を理解するうえで不可避のテーマだからである。

神道とは何か——神仏習合の中で形成された自覚

日本の神道を宗教として捉えることは至難である。そこには教祖も教義も経典もない。ただ清浄で穢れないことを希求し、「畏れ多い・有り難い存在としての神」がある。そして、神道史に踏み込めば、天皇制の正統性・権威付けに関わる「神祇」「祭祀」が濃厚に関わってくるため、神道は政治のテーマに近づき、単純に「アニミズム」(自然崇拝)として決めつけるわけにもいかない。

現在、日本全国には約八万の神社がある。おそらく、日本人の誰の心にも、自分が育った地域に根ざした神社がある。故郷の風景、自然と同化した社殿と祭祀にまつわる思い出がある。石川啄木に「ふるさとの 山に向いて 言うことなし ふるさとの山は ありがたきかな」という歌があるが、この「言うことなし」こそ、神道の本質に関わる言葉ともいえる。

万葉集に柿本人麻呂の歌として「葦原の 瑞穂の国は 神ながら 言挙げせぬ国……」(巻一三、三二五三)とある。七世紀末の天武・持統天皇期の万葉集前期を代表する歌人、人麻呂は律令国家の形成期を生きた。「言挙げせぬ国」という意味は「とりたてて言う必要はない」ということで、沈黙・寡黙を美徳とする日本社会の空気は日本人の意識に埋め込まれた神道的価値の影響なのかもしれない。それが、「曖昧なまま物事を放置する」という日本人の思考の壁になっているともいえる。

神道の古層には、日本民族の太古の記憶があるともいえる。縄文といわれる時代、縄文人の心に「自然への崇敬」、そして「すべてのものに魂が宿る」という「精霊崇拝」が芽生え、それが弥生人において定住・農耕生活の中で先祖への「祖霊崇敬」の念が高まり、日本人の意識の基底を形成したといえる。

そして、古墳時代、大和での王権が確立される頃、山そのものを御神体とする三輪山神祇(大神《おおみわ》神社信仰)が始まった。三輪山の麓の周辺がヤマト王権の発祥地とされ、神話の世界たる五世紀の「倭の五王」以前の天皇(一六代仁徳天皇以前の天皇)がこの地域に都宮を配置したとされる。

伊勢神宮の起源は、日本書紀の神話的世界では、垂仁天皇期(西暦では紀元前一世紀)に、天照大神が垂仁天皇の皇女・倭姫命《やまとひめのみこと》にともなわれて移動、伊勢国に鎮座したとされる。都宮のある大和にとって伊勢は太陽が昇る東に位置し、太陽神たる天照大神を祀るにふさわしいとの判断があったらしい。ただ、史実としての伊勢神宮の創建については、天武・持統天皇期に社殿が造営されたことは確実で、新谷尚紀『伊勢神宮と出雲大社――「日本」と「天皇」の誕生』(講談社学術文庫、二〇二〇年)の体系的検証は説得力がある。伊勢神宮の内宮の式年遷宮が初めて行われたのは六九〇年(持統天皇四年)で、律令体制での「神祇官」の下に「古代国家神道」といえる態勢が構築されていたことがわかる。

天照大神を主祭神とする天孫降臨神話も壬申の乱の後の天武・持統期に確立する。この乱における大海人《おおあま》皇子の行路と「天照望拝」伝説、すなわち吉野脱出後の翌日、三重の郡家で皇祖神を拝し勝利を得たとする認識が、伊勢神宮を最高神とする天武朝以降の展開をもたらしたといえる。

天武・持統天皇期――「日本」と「天皇」の始まり

今日、我々が共同幻想する「日本」という形は、七世紀末の天武・持統天皇期に形成されたといえる。「日本」という国号も、「天皇」という呼称も、古事記・日本書紀という「国史」の編纂もこの時期に始まったものである。

背景には古代史最大の内乱たる壬申の乱(六七二年)がある。天智天皇の後継をめぐり、天智の弟たる大海人皇子(後の天武天皇)が、天智の子、大友皇子の近江朝に対して決起、美濃・尾張の地方豪族、国司・郡司たちを集めて、今日の奈良、三重、愛知、岐阜、滋賀を巻き込む一カ月に及ぶ戦に勝利して、飛鳥浄御原宮《あすかきよみはらのぐう》に入った。天皇中心の律令国家への道を拓くもので、太政官と並ぶ神祇官を配置して「神祇重視」の体制が確立されたともいえる。「大君は 神にしませば 水鳥の すだく水沼《みぬま》を 都と成しつ」(作者不詳)は、「壬申の乱 平定以後の歌」として万葉集に収められているが、ここで大君とは天武天皇のことで、神に譬えられるほどの権威と権力を天皇が掌握した時代の空気を投影している。

壬申の乱を制して新政権をスタートさせた天武天皇の決意は尋常なものではなかったと想像される。天智の時代に白村江の戦い（六六三年）で唐・新羅連合軍に大敗し、国家としての未成熟を自覚した日本は、律令国家体制の樹立に邁進するようになった。天武朝とは重い課題を担った政権であった。天武とすれば、兄である天智天皇の娘（後の持統天皇）を妻とし、兄の息子で妻の弟でもある大友皇子が率いる近江朝を倒して樹立した新王権を成功させる熱い思いが溢れていたであろう。

「大王」と呼ばれてきた倭王を「天皇」と、国号の表記を「倭」（ヤマト）から「日本」（ヤマト、ヒノモト）へと変え、中国と一線を画す意識が高揚していた。天皇という称号は対内的には天智朝から使われていたとの説もあるが、対外的には天武・持統朝以降とするのが妥当であろう。歴史書の編纂にも着手し、それが『古事記』（七一二年）、『日本書紀』（七二〇年）となって完成、日本創生の神話を形作り、天皇中心の国家体制の正統性を確立しようとしたのである。

ただし、天武・持統朝は神祇だけを尊重したわけではない。天武天皇は皇后（後の持統天皇）の病気平癒を祈願して薬師寺の建立を発願（六八〇年）、天武天皇が崩御したため、持統・文武天皇が引き継ぎ、六九八年に藤原京に完成した。仏教を敬う気持も大きかったのである。持統天皇の父は天智天皇であるが、母は蘇我倉山田石川麻呂の娘であった。つまり、祖父の右大臣・蘇我倉山田石川麻呂は蘇我馬子の孫で、天智天皇が中大兄皇子として決行した「大化の改新」（六四五年）で滅ぼされた蘇我一族であったが、入鹿と反目していたために一族とは別に天智天皇を支持したものの、六四九年には自殺に追い込まれている。父の弟である大海人皇子に嫁いだ持統は、壬申の乱を複雑な思いで共に戦ったと思われる。天武朝となって、「神祇重視」の律令国家体制が整備される中でも、仏教伝来を主導した実家・蘇我氏の影響で深く仏教に帰依していた皇后、持統のために薬師寺建立を発願した天武の配慮も理解できる。

仏教と天皇が最接近した時

「聖武天皇と仏都平城京」という表現があるが、聖武天皇(七二四年即位)が仏教興隆に尽くし、国分尼寺の詔、東大寺盧舎那仏建立を発願したことは知られているが、仏教と天皇が最も接近した瞬間が聖武天皇の皇女であった称徳天皇の時代であろう。このとき起こったのが「道鏡事件」である。東大寺僧義淵僧正の弟子であった河内弓削出身の道鏡(?~七七二年)は称徳天皇の寵幸を受け、大臣禅師、太政大臣と登用され、七六六年には法王(天皇に近い位)となり、天皇位さえ窺う事態が起こった。道鏡事件については、最近の研究(たとえば、鷺森浩幸『藤原仲麻呂と道鏡』吉川弘文館、二〇二〇年)では、「称徳天皇の意志は仏教の権威と接合させた天皇制への移行」という見方がなされており、八世紀の後半における天皇と宗教(仏教と神祇)の関係を考える上で示唆的である。

本書Ⅲ「仏教の日本伝来とは何か」において触れたが、百済の聖明王からの上表文にあるごとく「無限の福徳果報」をもたらす「招福神」として伝来した仏教は、蘇我氏の仏教から天皇主導の仏教となっていった。だが、平安期までの日本人の仏教理解を冷静に捉えるならば、聖徳太子の法華経など仏法教義への理解は深いと思えるが、全般には「治病」「招福」という現世利益を願う呪術的・即物的な仏教理解に留まっているという印象である。しかも、あくまで上部構造の仏教、国家鎮護の仏教であった。日本の仏教といえるのは、平安から鎌倉にかけて、仏教的宇宙観を展開した空海、最澄、民衆の仏教へのパラダイム転換を図った法然、親鸞、そして日蓮の登場以降であった。こうした仏教の加上、深化によって刺激される形で神道も動いた。さらに中世における神道の形成と「神仏習合」の新たな局面へと視界を拓いていきたい。

（2021・4）

中世における神道の形成
――神道の本質を考える――

日本精神史における神道の位置付けには、三層構造での理解が必要である。基層として、津田左右吉のいう「民族的風習としての宗教」というか、自然への崇敬を込め、山河から一木一草に至るまで神意が宿るという視界が存在する。それが八百万の神々が鎮座する神社への信仰をもたらし、日本人の多くが故郷の神社（氏神様）への想いを抱いて生きてきたといえる。

次に、第二層として、天皇制との関連で形成された「神祇神道」が存在する。前節で論じたごとく、「天武・持統期」（七世紀末）に律令体制の確立を目指す中で、「太政官」と並ぶ「神祇官」が設置され、「日本」という国号、「天皇」という呼称が誕生し、古事記、日本書紀などの「国史」の編纂が開始された事実と相関するものである。つまり、天皇制を権威付ける神道の萌芽である。

この神祇神道に関しては、藤原不比等（六五九～七二〇年）の役割が特筆されるべきであろう。不比等は鎌足の次男で、大宝律令、養老律令に関与・主導し、右大臣として専権を握った。国史編纂に当たり、「アマテラスを祖として神武を初代天皇とする天皇制の神話」を創作した中心人物といえる。朝廷を支える体制宗教としての神道の種が埋め込まれたのである。

さらに、第三層として、宗教としては圧倒的な体系性を有する仏教の影響を受けて、仏教との融合、神仏習合の中から「宗教としての神道」が形成されるプロセスが存在する。平安から鎌倉期において、「本地垂迹《ほんじすいじゃく》」説に立つ仏教優位の神仏習合(「仏本神迹」)が浸透した。そして、そこから室町期における「神道の自立」という動きが胎動する。

こうした三層が複雑に相関し、時代との関係性が絡み合って、近世神道、明治期の国家神道が表出するのであり、三層の濃淡をどう意識するかで、神道の捉え方は異なる。そこに神道の特異性があるといえる。とくに、戦後日本の「宗教なき状況」を生きた日本人は、至近にある神社神道(初詣、お祭りの氏神信仰)と、戦前期の強烈な「国家神道」(天皇制絶対主義の「国体」を護持する神道)の違いを意識することなく生きてきており、「国家神道」が国家権力のイデオロギーとして、強制力を持って迫る悲劇を忘却している。日本精神史における神道の三層の相関を解く視界が求められるのである。

神仏習合の中世——平安期の宗教史的意味

日本の文献に「神道」という言葉が登場したのは、七二〇(養老四)年に完成した『日本書紀』からだとされる。仏教伝来期の第三一代天皇で、聖徳太子の父とされる用明天皇の即位前記に「天皇仏教を信じ神道を尊ぶ」とある。つまり、前述の第二層たる神祇神道が形成された国史編纂の頃から「神道」という概念が意識され始めたといえる。

平安期の宗教状況を概観するならば、朝廷とその周辺には、神祇・祭祀を重視する神祇神道が定着していた。佐々木馨が「日本中世の王権と教権」(義江彰夫編『古代中世の社会変動と宗教』吉川弘文館、二〇〇六年、所収)において論及しているごとく、中世天皇制を支える「神明擁護」「国土の宗教的神聖視」「神孫降臨」という要素からなる「神国思想」(神祇観)が形成されており、一方で、次第に仏教の影響が浸透し、「神仏習合」が主潮となっていった。

近年の神道研究の深化は刮目すべきものがあり、伊藤聡の『神道の形成と中世神話』(吉川弘文館、二〇一六年)を読むと、「神道」を日本人固有・不変の世界観・自然観、精神性の所産とするのは、近世・近代が産み出した仮象であることを再認識させられる。そして、「「神道」がさまざまな宗教、信仰が複合して成った歴史的形成物であることを最も鮮明に示すのは中世」という視界が理解できる。

ただし、「神仏習合」は日本だけの事象ではない。仏教が中央アジア、中国、朝鮮半島を経て伝来するプロセスにおいて、その地域古来の神や精神的指導者を仏菩薩の化身とすることで地域に浸透した。たとえば、中国では孔子や老子を菩薩の化身とする説が登場し、日本でも本地垂迹説が登場する以前から聖徳太子を救世観音の化身とする説が流布していたという。

平安期、日本の精神世界に創造的インパクトを与えたのはやはり空海(七七四～八三五年)であった。空海の仏教における宇宙観(曼荼羅思想)を基点として、「大日如来を本地とし、天照大神が観音として示現する」という現世権力をも相対化する仏教優位の神仏習合思想が定着していった。

鎌倉期——武家の体制宗教としての八幡信仰

鎌倉幕府の体制宗教の象徴が鶴岡八幡宮《つるがおかはちまんぐう》である。武家の棟梁として鎌倉幕府を開き、その後の約七〇〇年にわたる武家政治の起点となった源頼朝の宗教観を投影したのが鶴岡八幡宮である。一一八〇年に「平家打倒」の挙兵をした頼朝は鎌倉の地に「源氏の氏神」、「幕府の守護社」として八幡宮を奉じた。祭神は応神天皇、比売神《ひめがみ》、神功皇后の三座で、神仏習合の典型であり、別当職などは東寺など真言密教による独占的運営がなされ、朝廷を中心とする体制宗教と一線を画した。

記紀において第一五代天皇とされ、「宋書夷蛮伝」の倭国において、五世紀の宋に入貢していた倭の五王の一人である「讃」と目されるのが応神天皇である。八幡信仰の祭神が何故、神武ではなく応神天皇なのか。八幡信仰の源流を辿るならば、大分の宇佐八幡宮に至る。神功皇后の新羅出兵の物語が背景となって、「鎮護国家神」として、神功皇后とその息子である応神天皇を祭祀とする宇佐八幡が創祀されたといわれる。東大寺大仏の建立において果たした宇佐八幡の霊験によって、朝廷、仏教の篤い支持を受ける「神仏習合」の象徴的存在となり、称徳天皇期の「道教事件」も宇佐八幡の御託宣が重きをなした。その宇佐八幡の祭神を九世紀の貞観年間に勧請、創建されたのが京の石清水八幡であり、その石清水を勧請したのが鶴岡八幡である。つまり、八幡信仰こそ朝廷から仏教、武士を貫く中世の「神仏習合」の中核的存在なのである。今日でも、日本には二一・四万もの八幡宮が存在するとされる。

鎌倉期における「承久の乱」(一二二一年)は「天皇制」が廃絶になる可能性さえあった日本史の転換点であった。つまり、朝廷の実権を握る後鳥羽上皇をはじめとする三人の上皇(順徳上皇、土御門上皇)と仲恭天皇、すなわちオール朝廷が結束して討幕の院宣を出して鎌倉幕府の打倒を目指したが、執権北条義時を支える姉・北条政子(頼朝の妻)の「いざ鎌倉」の檄に刺激された東国武士団に大敗し、三上皇は隠岐、佐渡、土佐に流罪、近臣は斬首となった。幕府が天皇の選択権さえ握るという天皇制の危機であった。だが、天皇制の廃絶や、天皇の権威を否定する展開にはならなかった。天皇の権威を権力が利用するという意図が日本政治の深層に埋め込まれた瞬間であった。

そして、前稿で確認したごとく、民衆に浸透した鎌倉仏教の二大巨頭たる親鸞、日蓮によって、「仏教優位の神仏習合」が広く受け入れられたにもかかわらず、徹底した「神祇不拝」には至らず、それは神祇神道と直結する天皇制を相対化するものであったが、否定には至らなかった。

室町期における吉田神道の登場――神祇から神道へ

日本人にとって鎌倉期の「元寇」の衝撃は大きかった。中大兄皇子(天智天皇)が率いた白村江の戦い(六六三年)の敗戦以来六〇〇年、対外戦争などを経験したことのない日本にとって、一三世紀における二度にわたるモンゴルの侵攻(一二七四年文永の役、一二八一年弘安の役)は、あらためて国土防衛を通じて「日本」を意識させる転機となった。元寇を撃退した「神風」に触発された「神国思想」を高揚させる契機となったのである。

北畠親房(一二九三〜一三五四年)は南北朝期に南朝に忠節を尽くし、後醍醐天皇の親政を補佐した人物であった。一三三八年に南朝が敗れた後、常陸の国に逃れ、南朝の正統性を東国の武士に説いたのが『神皇正統記』(一三三九年)であるが、元寇後の神国思想を投影したものでもあり、室町後期の吉田神道、江戸期の国学の伏線となるものであった。

「国難」は民族のアイデンティティを誘発し、結束の価値基軸を求める。そうした民族意識の高まりを投影して登場したのが「吉田神道」であった。吉田神道(唯一神道、卜部《うらべ》神道)は近世神道の母胎とされ、教義、経典、祭祀組織の整備という意味で、宗教としての神道の態勢を整えたとの評価もあるが、これは、宮中の神祇、祭祀に携わってきた一族が、仏教や儒教、それまでの神祇神道を取り込んで構築したものであった。中心的役割を果たしたのが吉田兼倶《かねとも》(一四三五〜一五一一年)であり、祖先は占い(亀卜)をもって宮廷に仕えた家系という。一四七〇年に「宗源神道誓紙」(『日本紀正義』所収)において「卜部神道正統の伝授」を掲げた。日本書紀に基づく神祇の知識を吸収し、「我国開闢以来の神道」として仏教から自立した神道を創作したのである。

吉田兼倶という人物は、「仏教も儒教も神道が分化したもの」という考えで、自らを藤原(中臣)鎌足の子孫と称していた。吉田神道の経典といわれるものは、「秘伝伝授」として伝承された形がとられていたが、実は彼自身が創作(偽作)したものであった。その意図は、天武・持統期の藤原不比等(藤原鎌足の息子)の神祇神道確立の心に共振し、天皇制とリンクした神道と「職業としての神道」の確立にあったというべきであろう。

彼が書いた『神道大意』などを読むと、天上に神、地上に霊、人体に心が存在し、神を根元とする宇宙観を展開しているが、神即天皇という一神教的世界観を中核に据えることによって、人間の内的葛藤に向き合う宗教というよりも、神祇に基づく秩序を志向する体制宗教を確立する意図が鮮明である。前記の「第二層たる神道」が宗教としての形を見せ始めたといえる。（2021・6）

天皇と仏教

——泉涌寺を訪れ、理解を深める——

コロナウイルス禍の夏、京都東山の泉涌寺をもう一度、一人散策した。蟬しぐれの中、日本宗教史を振り返り、嚙み締めるように歩いた。御寺・泉涌寺は本章「江戸期の仏教への再考察」で触れたように、天皇家の寺であり、とくに後水尾天皇から孝明天皇まで江戸期の天皇の御陵のある寺として、天皇家と仏教の関係を考える上で重要な場所なのである。

令和という時代を迎え、新天皇の即位をめぐる一連の行事を見ても、天皇と神道の結びつきだけが演出されているが、天皇家の歴史において仏教との結びつきは深く、その事実を正しく視界に入れることは、日本精神史の基底を確認する上で重要である。

御寺・泉涌寺という存在

泉涌寺は一二一八(建保六)年に月輪大師・俊芿《しゅんじょう》(一一六六〜一二二七年)が開山した。俊芿は宋に一二年間修行した僧侶であり、宋で学んだ律を基本に天台、真言、禅、浄土の五宗兼学の仏教道場として泉涌寺を開いたという。

鎌倉期のことで、天皇家、公家、武家からも帰依され、後鳥羽・順徳上皇をはじめ北条政子、泰時も俊芿律師によって受戒している。一二四二(仁治三)年、四条天皇崩御にあたり泉涌寺で葬儀が行われ、墓所が造営されたのが「御寺」として天皇家の墓陵を預かる起点であった。四条天皇は二歳で即位し一二歳で亡くなった悲劇の天皇だが、『増鏡』によれば、泉涌寺に墓陵が造られたのは、幼少の四条天皇が「自分の前世は泉涌寺を開山した俊芿である」と語ったためだという。以来、南北朝期から安土桃山時代の諸天皇の仏事が行われることとなった。とくに、一〇八代後水尾天皇(在位一六一一〜一六二九年、二代将軍秀忠の娘婿)から一二一代孝明天皇(在位一八四六〜六七年、明治天皇の父)まで江戸期に存在した一四代の天皇をはじめ、皇后(中宮、女御)などの葬儀が泉涌寺で営まれ、寺領内の「月輪陵」に墓陵が設けられた(外池昇『検証 天皇陵』山川出版社、二〇一六年)。

余談だが、江戸期の一四代の天皇のうち明正天皇と後桜町天皇の二人が女性天皇で、泉涌寺には江戸期の一二人の男性天皇の肖像が残っているが、二人の女性天皇の肖像はないという事実に注目し、この二人は男系男子天皇に皇統を継ぐ「つなぎ役」だったという見解を、藤田覚『江戸時代の天皇』(講談社、二〇一一年)は提起している。この本は、江戸期の天皇のありかたを理解する上で示唆に富み、天皇の基本的役割が「神事」の執行にあり、元旦の四方拝から新嘗祭や大嘗祭まで、連綿と神事を担っていたことを検証している。天皇が仏教に帰依しながらも、神事の主宰者として神道を担っていたことがわかる。つまり、神仏習合の結節点に天皇が在ったということである。

さて、泉涌寺の大門を通って参道をなだらかに下ると、正面にあるのが仏殿で、ここに運慶作といわれる「三世仏」が鎮座している。過去(釈迦)、現在(阿弥陀)、未来(弥勒)を象徴する三像といわれ、日本では珍しい配置であるが、俊芿律師が留学した南宋仏教の影響とされる。また、海会堂は京都御所にあった御黒戸を移築したもので、歴代の天皇、皇后、皇族の御念持仏が三十数体も祀られている。さらに、霊明殿には天智天皇から昭和天皇までの歴代天皇の御尊牌(位牌)が奉祀されており、泉涌寺が天皇家の菩提寺としていかに重い存在なのかを感じとることができる。

何故、これほどまでに泉涌寺に天皇家の位牌、仏像、仏具が集積しているのか。それは「天皇親政の神道国家」を目指してスタートした明治新政府が、「神仏分離令」(一八六八年三月)を出して「廃仏毀釈」の時代に入ると、新しい皇居となった江戸城に神道式祭祀のための施設が整備され、天皇家の位牌、仏像、仏具が泉涌寺に送り返されたためである。

明治の「神仏分離」の時代を迎え、泉涌寺も苦難を余儀なくされた。天皇の墓陵(月輪陵)は宮内省(現・宮内庁)によって寺領から切り離されて国の管理になった。それでも、泉涌寺の管理維持に関わる経費は、敗戦の一九四五(昭和二〇)年までは「御尊牌奉護料」として下賜されていたという。ところが、戦後になって国家神道の解体にともない、国費を特定宗教に提供されることが禁じられたため、泉涌寺もすべてを自ら負担して維持しなければならなくなり、一九六六年に「御寺泉涌寺を護る会」が設立され、経団連会長級の民間人が会長を務める(現在は御手洗冨士夫キヤノン会長)形で支援することとなった。総裁は秋篠宮文仁皇嗣で、皇室と仏教との限られた接点となっている。

国家鎮護の仏教、そして空海の持つ重み

仏教伝来から約一五〇〇年、仏教の日本における位相は複雑に変化している。本書Ⅲ「仏教の日本伝来とは何か」で触れたように、百済から「招福神」として伝来し、欽明天皇は蘇我氏に仏像と経典を預け、異国の宗教たる仏教の受容に迷った。本格的に天皇主導の仏教となったのは、最初の官寺百済大寺を建立(六三九年)した舒明天皇あたりからとされるが、七〇一年の大宝律令における「僧尼令」において国家が統制、律令体制の中に秩序づけられた。

さらに八世紀央には、聖武天皇(七〇一〜七五六年)が国分寺と国分尼寺の建立を進め、東大寺大仏造営(七五二年開眼)を機に「三宝の奴と仕へ奉る天皇らが命」とまで表現、天皇の庇護の下「国家鎮護」の仏教が形成されていった。

仏教の位相を変えたのは空海(七七四〜八三五年)である。私は二〇〇七年に毎日新聞社主催の高野山夏季大学で「現代を生きる空海」を語って以来、空海とは何かを考え続けてきた。空海は八〇四(延暦二三)年に遣唐使に連なって中国に渡り、真言密教を究めて二年後に帰国、密教の教義、法典をもたらしたのみならず、薬学、医学、灌漑治水などの土木工学をも導入、「空海の後に空海なし」といわれる異次元の足跡を残した。天台の祖たる最澄などに「灌頂《かんじょう》」(法燈を継承する儀式)を授け、八一六年には嵯峨天皇の勅許を受けて高野山の開山に着手、日本精神史の偉大な存在である。

空海の偉大さは、人間の内奥の苦悩に向かいがちな仏教の視界を「宇宙」に拡張したことにある。大日如来を中心に据えた立体曼荼羅の世界観である。この世界観は「国家鎮護」の仏教の位相を変えた。真言密教的宇宙観の中に、現世における天皇の権威さえ相対化させたのである。その象徴が「即位灌頂」である。天皇が即位に当たって大日如来の印を結ぶという儀式で、地上の権力を宇宙観の中に位置付けるということであり、仏教による皇位の権威付けともいえる。京都の東寺に残る金剛界曼荼羅などを見つめると、空海の視界の大きさがわかる。即位灌頂は、平安時代後期の一〇六八(治暦四)年の後三条天皇の即位時から導入された。次第に儀礼的なものになったようだが、天皇の即位灌頂は江戸期最後の孝明天皇まで続いたという。

仏教優位の神仏習合思想の形成

日本の中世における神道を研究している伊藤聡の『神道の中世』(中央公論新社、二〇二〇年)、『神道の形成と中世神話』(吉川弘文館、二〇一六年)などによれば、一一世紀頃から天照大神と諸仏菩薩との習合信仰が芽生え、それが「観音＝天照大神説」、すなわち「大日如来を本地とする天照大神が観音として示現する」という仏教優位の神仏習合思想が形成されていったという。「仏が神を救い、神が仏を支える」という、ある意味で幸福に神仏が支え合っていた時代であった。

天皇の始祖にして太陽神たる天照大神を祀る伊勢神宮を国家神道の中核とする、明治以降の神道観の影響を強く受けている我々のイメージからすると「大日如来＝天照大神」とする視界には違和感を覚えるが、神仏習合の究極的帰結がここに至ったのであろう。「仏が人間を済度するために神と化して出現する」という本地垂迹思想は平安期において、大きな思潮となっていた。

人類史においては、古来、自然信仰の究極の対象として「太陽」が存在し続けてきた。日本人の意識の中にも「日の本」概念に象徴されるごとく、輝く太陽への敬愛が存在してきたことは間違いない。それが神道における「惟神」志向の中核としての天照大神、そして真言仏教における大日如来となり、それを一つのものとする神仏習合につながっていったことも想像できる。

ただ、近代科学の成果を吸収して二一世紀を生きる人間として思索する時、太陽エネルギーの本質が「水素原子からヘリウムが生成される核融合反応」、つまり中心の温度が一五六〇万度といわれるプラズマ核融合であることを知る現代人として、不思議な感慨を覚えざるをえない。太陽を偉大なる自然として崇敬するだけではいられなくなった人類の思考の深化が問われているのである。我々は核融合エネルギーによって生かされているという事実を受け止めながら、多くの人が「反原発」に共鳴するパラドックスを生きている。科学的知識として太陽エネルギーの源泉が核融合であることを知りながら、原子力を拒否して再生可能エネルギーという枠組で太陽光発電重視を語る矛盾、これが現代を生きる人間の宿命なのかもしれない。

高取正男が『神道の成立』(平凡社、一九七九年)において述べるごとく、「日本宗教史の大半は仏教受容の歴史」であるが、その中で古層ともいえる神祇信仰と祖先崇拝というものが根強く存在し、八世紀末から九世紀にかけて、仏教の刺激・影響を受け習合を重ねながら、意識された宗教として神道が動き始めたと理解してよいであろう。「神仏分離」に立つ神道至上主義の自立した神道の成立は、室町中期の吉田兼倶による吉田神道を待つことになる。鎌倉期、仏教はさらに新たな局面を迎える。それが先述の親鸞、日蓮による民衆の仏教の登場である。

（2020・12）

Ⅵ

江戸から明治へ

――近代化と日本人の精神性――

私たちは何故、今ここにあるのか。そんな思いで仏教伝来以来の歴史的経緯を追い、日本人の中に如何なる精神性・宗教性が醸成されてきたのかを辿ってきた。そして、江戸期の宗教状況が幕末維新を越えて、明治という時代を生きた日本人の精神性にどのような形で投影したのか、その点を再考しておきたい。

さらに、明治という時代をどう評価するかは日本近現代史理解の基点である。その帰結ともいえるアジア太平洋戦争における敗戦、そして、戦後日本への視界を拓くうえで、重要である。

新井白石と荻生徂徠
——時代と正対した二人の儒学者——

江戸時代を支配した思想は「儒学」であり、林羅山以来、林家が「大学頭《だいがくのかみ》」として幕府の正学たる朱子学を統治の基軸とした。正確には幕府が正学として朱子学を位置付けたのは松平定信の「寛政異学の禁」(一七九〇年)で、家康が仏僧天海を重用したごとく、江戸前期においては必ずしも儒学だけが時代を支配したわけではなかった。朱子学は南宋の朱熹《しゅき》(一一三〇〜一二〇〇年)が起こした思想体系で、明・清を通して中国王朝の正統な思想であった。四書(大学、論語、孟子、中庸)を重んじ、日本においても幕府の統治理念となるとともに、江戸期の支配層たる武士の基本的教養となっていった。思えば、李王朝期の朝鮮を含め、「近世」の東アジア三国において儒教が統治の知的共通基盤になったという事実は興味深い。

江戸期日本の儒学の世界に佇立《ちょりつ》する存在が、新井白石と荻生徂徠である。白石が九歳年上だが、死去したのは白石が一七二五年で、徂徠は一七二八年と、ほぼ同時代を生きた二人の儒学者の生き方と思想を考察することで、この時代への認識を深めておきたい。実はこの二人は複雑な緊張関係にあり、相容れないままそれぞれが真剣に自らの時代と関わり、時代を動かした。

われわれ戦後なる時代を生きた日本人は、「和漢洋の教養」などといっても、戦後教育を投影して大概は漢籍の素養に欠け、半知半解の洋と薄っぺらな和の学識によって知性を装っているにすぎない。儒学など「古い」というのが大方の印象だろうが、我々自身の知の所在地を確認するためにも深い考察が求められる。あらためて白石と徂徠に関する文献を読み込みながら感じたことは、あの情報の制約された時代に、物事を考え抜く力をもった日本人がいたことへの驚きと敬意である。

新井白石の世界認識——国際人の祖形

本書Ⅳ「それからのキリシタン」でも、最後の潜入宣教師シドッチと向き合った白石に言及したが、朝鮮通信使への対応をめぐる建言など、白石は彼の生きた時代にきわめて大きな役割を果たした。

白石は一六五七年、小大名たる土屋家に仕える下級武士の子として生まれた。二一歳で内紛に連座して土屋家を追われ、食べていくために儒学の道に入り木下順庵に師事、一六九三年、三七歳の時に順庵の推挙によって甲府藩主だった徳川綱豊に仕えることになった。一七〇九年に綱豊が六代将軍家宣になったことで運命の転機を迎え、将軍の厚い信任を受けて活躍の場を得、一〇〇〇石の旗本となり従五位下・筑後守にも任ぜられた。林家以外の儒者としては例のない栄達である。

一七〇九年から一六年までの七年間が「白石の時代」といえるほど、幕政に深く関与し、六代将軍家宣、七代家継を支え、財政・貨幣制度の改革から、長崎貿易の制限、皇室のありかた、朝鮮通信使への待遇に至るまで、自らの思想に基づく正論を進言、世に「正徳《しょうとく》の治」といわれる政治改革に影響力を行使した。政策顧問というよりも政策立案者(ポリシー・メーカー)であり、今日的にいえば高級行政官僚でもあった。

白石の歴史的意味については、戦時下日本の一九三七年、羽仁五郎が『新井白石・福沢諭吉』(岩波書店)において「近代思想の先駆者」としてその合理主義、個我の自覚、ヒューマニズムを評価し、戦後においては宮崎道生が体系的な『新井白石の研究』(吉川弘文館、一九五八年)を著し、藤沢周平が大著『市塵』(講談社、一九八九年)で小説という形でその生涯を捉えようとしたごとく、多くの知識人が心惹かれ白石に迫ってきた。

『市塵』は抑制された筆致でその生涯を描く。江戸幕府の心臓部に身を置いた白石という覚めた知性の葛藤を淡々と書き込み、藤沢流の白石観に心打たれる。とくに八代吉宗の治世下で、失脚し老いていく白石が、家族のことに悩みながら終の棲家を求めて小石川伝通院裏の柳町辺りを歩き「市塵に戻る」最後のくだりは、何故藤沢が「白石という素材」を取り上げたのかに思い至らせる場面である。この作品は決して偉大な白石を語ろうとはしない。だが、もっぱら江戸武士社会を描き続けた藤沢が、白石の知性と人間性に深く敬意を抱き、軋轢の中に生きた等身大の姿を描こうとしたことが静かに伝わる。

多くの人が白石を論じる中、フランス文学研究者の桑原武夫が『日本の名著15 新井白石』(中央公論社、一九六九年)の責任編集者として寄稿した「日本の百科全書家 新井白石」は示唆的である。「一七世紀末から一八世紀にかけて日本がもちえたもっとも偉大な百科全書的文化人」として白石を位置付け、視界の広さと思考の独創性を高く評価する。そして「永遠なるもの、絶対的なるものへの疑惑と否定」が合理精神と近代主義の性格だとするならば「白石は明らかに近代主義者」と位置付ける。確かに、江戸期の日本において白石ほど渾身の力を込めて国際社会と向き合った人物はいない。シドッチに四回にわたる尋問をして(一七〇九年)、キリスト教について考察し『天主教大意』をまとめ、江戸参府のオランダ商館長とも面談を重ね(一七一二、一四、一六年)、それを『西洋紀聞』『采覧異言』という著作として世界への視界を開いた。また、朝鮮通信使に二度(一七〇九、一一年)応対し同行の儒者と議論を深めるなど、外国に対峙した日本の知性として圧倒的存在感を見せている。

近年の研究成果として、銭国紅の『日本と中国における「西洋」の発見』(山川出版社、二〇〇四年)は興味深い。白石と筆談した(一七一一年一一月)朝鮮通信使の記録『江関筆談』に触れているが、その内容は史書、礼服、儀典、交易、外交、国際関係に及んだが、こと外交と世界地理になると白石の博識が圧倒し、「在来の世界像に立脚して議論する朝鮮の知識人と、新しい世界像によって議論する日本の知識人のあり方の違いを象徴的に物語る一場面」と紹介されている。白石研究の大家宮崎道生が、『新井白石の研究』や『世界史と日本の進運』(刀水書房、一九七九年)における「鎖国時代の日本人の海外認識——新井白石の世界観」において論及しているごとく、白石こそまさに「国際人」の先駆者といえる存在であった。当時の日本においては外国ともいえる沖縄や北海道について、『琉球国事略』や『蝦夷史』といった地理書を著しており、その視界の広さは驚嘆すべきものがある。

ただしその限界も感じる。『西洋紀聞』における結論ともいうべき「西洋」の本質についての考察で、白石は「ここに知りぬ、彼方の学のごときは、ただ其形と器とに精しき事を、所謂形而下なるもののみを知りて、形而上なるものは、いまだあづかり聞かず」と述べる。儒学者らしい総括ではあるが、ここに西洋の科学技術には敬意を払うが、内面の精神性においては日本、東洋の優位を意識する「和魂洋才」の淵源を見る。西洋思想がそれほど浅薄でないことはいうまでもない。

「正徳の治」を冷静に見つめれば、すでに一〇〇年以上続いていた徳川支配体制を儒学の理念によって再形成する強い意思が感じられる。たとえば将軍の国交上の地位について、朝鮮通信使の書状においてそれまでの「日本国大君源某」から「日本国王」にすべしと建言したり、江戸の中心部に入る所に南向きの門として芝御門、江戸城本丸の南向きの御門の建設など、それらはすべて徳川幕府の権威付けへの腐心にほかならない。「武家諸法度」の改訂、儀式・服装に関する規定、孔子廟への将軍参拝など、白石流の儒教的正当性によって改革が強行された。こうした改革への一途な情熱と思い入れが多くの敵を作り、吉宗からは「文飾過ぎしもの」と評され遠ざけられる要因にもなった。近年は外国人による研究も深まり、ケイト・W・ナカイの『新井白石の政治戦略——儒学と史論』(東京大学出版会、二〇〇一年)などは、「野心家で攻撃的なほどに競争心の強い性格」を見抜き、「儒教的政治理論の命題を徳川の政治体制に適用した非妥協的努力」と彼の改革を位置付け、八代吉宗がそれを否定する形で巧みに利用して幕府の指導権を再構築したという興味深い結論を導き出している。

荻生徂徠の実学

新井白石の時代を苦々しく見つめ、雌伏していた儒学者がいた。荻生徂徠である。一七一六年、八代吉宗の時代が始まり白石の改革を否定し始めた時、徂徠は五一歳になっていたが、満を持していたかのごとく動き始めた。後に「徂徠学」として認識される作品群、『弁道』『弁名』『学則』を書き上げ、一七二一年には、吉宗の求めに応じて自らの主張の要点を『太平策』として提出した。ただし吉宗は、五代綱吉以来の側近政治を否定し、譜代による幕閣システムを尊重しつつ自らが幕政を主導していった。白石が幕閣を直接動かしたのとは異なり、徂徠にはあくまでも儒学者としての見解を諮問したにすぎず、一七二六年には政治の現状を分析して政策論を提起する『政談』を提出させたが、採用することはなかった。

徂徠は一六六六(寛文六)年江戸に生まれた。一三歳の時、将軍綱吉の医者であった父が不興を買い、房総に移住を余儀なくされた。二七歳の時江戸に帰り、私塾を開いて儒者としての活動を始め、三一歳の時、ようやく綱吉の側近柳沢吉保に仕えることになる。当初は一五人扶持であったが、柳沢の出世により最後は五〇〇石取りとなる。一七〇九年、徂徠四四歳の時綱吉が死去、六代家宣の時代を迎え、白石の「正徳の治」が始まり、前述のごとく雌伏の時を過ごす。徂徠の思想の軸は、実学志向の儒学に尽きる。理を重視する朱子学を批判して「朱子流の理学、又大きなる害なり」(『太平策』)と言い切り、「修身・斉家・治国・平天下」という徳目拡大型の理想主義的儒学とは距離をとり、現実を直視する実学を目指した。

丸山眞男の徂徠評価

徂徠研究に足跡を残したのが丸山眞男であった。私が大学で政治学を学び始めた一九六〇年代末、丸山の『日本政治思想史研究』(東京大学出版会、一九五二年)に出会い、「近世儒教の発展における徂徠学の特質並にその国学との関連」という論文を読んだ時の衝撃は今でも覚えている。かの赤穂浪士の処分問題についての徂徠の関与についての記述である。東映時代劇の「忠臣蔵」的知識しかなかった私にとって、綱吉期の幕政に重要な役割を果たした柳沢吉保の家儒として、吉良上野介《きらこうずけのすけ》を討ち果たした義士に対して、助命論が吹き荒れる世情に抗して、徂徠が断固として義士の断罪・切腹を主張したという点は新鮮であった。「義は己を潔くするの道にして法は天下の規矩なり」「私論を以て公論を害せば、此以後天下の法は立べからず」として、義士の行動を「義」として是認しながらも、個人道徳を政治的決定に拡張することを拒否した徂徠の姿勢を、丸山は近代につながる「政治的思惟の優位」とし、徂徠学の価値を「政治の発見」とまで表現していた。なるほどそう考えるのかと、学生だったあの時点では大いに啓発されたものである。

赤穂浪士の討ち入りは元禄一五年一二月だから、現在の暦では一七〇三年の正月となり、徂徠は三六歳だったことになる。ただ、徂徠が義士の処分問題に関与し、裁定に大きな影響を与えたとするのは後代の誇張であり、誤りとすべきであろう。客観的にいえば、柳沢吉保が抱えていた三〇人を超す儒者の中で、この時点では重要な政策判断に関与できる立場になかった。いかに柳沢の権勢が大きくとも、二〇〇石取りの陪臣が幕政を動かしうるなどありえなかった。このことは田原嗣郎『赤穂四十六士論』(吉川弘文館、一九七八年)での検証がすべてである。丸山も「細川家に伝えられた文書」(「徂徠擬律書」)や「赤穂義人纂書」などを根拠に、「何程かの程度において義士処分問題に関与したであろうことは確か」と述べているにすぎないのだが、物語が独り歩きしてしまったのである。

世に「人口に膾炙《かいしゃ》する」という表現があるが、徂徠が赤穂浪士の処断に関与したという話は落語にまで登場する。先日、太平洋上を飛ぶ機内で、「全日空寄席」を聞いていたら立川志の輔が「徂徠豆腐」を演じていた。三遊亭円窓の十八番の古典落語で、豆腐屋にオカラをもらって貧窮を生き延びた貧乏学者が大火で焼け出された豆腐屋に恩返しをする話で、その学者こそ赤穂浪士に武士としての名誉ある切腹という処断をもたらした荻生徂徠であったという落ちである。

徂徠の白石への敵愾心はすさまじく、『政談』などで再三、「新井ナドモ文盲ナル故、是等ノコト二了簡ツカヌ也」などと罵倒を投げつけている。徂徠には独自のこだわりがあり、儒学における古文辞的アプローチへの自負が白石を見下した姿勢に現れ出たといえる。つまり、返り点などを打って日本語流に漢籍を理解するのではなく「唐音」、中国語に基づく原理主義的儒教理解にこだわる姿勢である。今で言えば、「英語の発音できない奴は国際人の資格なし」と言っているようなものだ。徂徠の「学問ハ文字ヲ知ルヲ入路トシ、歴史ヲ学ブヲ作用トスベシ」(『太平策』)などという言葉は心を打つ名言であり、その主張にも一理あるが、行き過ぎると独善になる。

徂徠の徹底した「反近代性」

丸山以降の日本政治思想史の研究がどう進化したかに興味を抱く者にとって、渡辺浩の『日本政治思想史――十七〜十九世紀』と『近世日本社会と宋学(増補新装版)』(ともに東京大学出版会、二〇一〇年)は、江戸期の儒学のダイナミズムを理解する上で刺激的である。渡辺は徂徠の意味を明快に「反「近代」の構想」と位置付ける。それは「近代的思惟」の芽生えを徂徠に見る丸山的認識を超えた見方である。徂徠の思想を集約すれば、私益よりも公益を優先させ社会全体の安定を志向していたことは確かで、国家主義の祖型を見て取れる。

また、江戸商人文化爛熟の中で武家社会の商業主義化を懸念し、武家の城下町への集中を止め、改革の方向として「人を地に還す」(土着こそ治の基本)ことで質実剛健を取り戻すとして、中国文化大革命期の「農村下放」のような構想を抱いていた。渡辺は「徂徠の思想の根幹は、ときに「近代的」と呼ばれる立場の逆、ほぼ正確な陰画」と言い切る。つまり「反進歩、反発展、反成長」「反都市化、反市場経済」「反平等、反民主主義」として見事に一貫していることを見ている。戦後なる時代を生き、世界の人権や民主主義に対する潮流や国境を超えた世界経済のグローバル化を目撃してきた現代を生きる人間にとって、この渡辺の論点は腑に落ちるものがある。徂徠は江戸期の統治を支えた賢い儒学者ではあるが、その意味は限定的で白石のごとく視界を広げようとする葛藤はない。

白石や徂徠に「近代性」を探る視点は、後世の論者の関心にすぎず、「近代」なるものの何に焦点を当てるかによって左右される。私自身も徂徠に近代性を見ないが、徂徠学の影響は大きく、その中から時代を動かす次の思想が生まれていった力学はわかる。とくに「制度改革論」の重要性を刺激することで、徂徠学の地平に日本伝統思想の中に「道」を求める本居宣長などの「国学」や藤田東湖などの水戸学の台頭を誘発し、それが皮肉にも討幕の思想の萌芽となっていくのである。

（2014・10）

本居宣長とやまとごころ

しき島の　やまとごころを人とはば　朝日ににほふ山ざくら花

六一歳の本居宣長が、自画像一幅に書き添えた歌である。桜の季節には何故か思い出す、日本人の心を揺さぶる代表的な歌であろう。私も世田谷の自宅の裏庭の桜から吉野の千本桜までさまざまな日本の桜を眺め、ワシントンのポトマックの桜も味わってきたが、この歌を想い日本人の美意識を感じたものである。かの山本五十六は駐在武官当時ポトマックの桜を見て、この歌が心にあったのであろう、故郷長岡の恩師宛ての絵葉書で「当地昨今吉野桜の満開。故国の美を凌ぐに足るもの有之候。大和魂また我国の一手独専にあらざるを諷するに似たり」と書いている。故国への熱い思い入れと、必ずしも日本だけが精神的に優れているわけではないという冷静な事実認識、この葛藤が国際社会に向き合う日本人の宿命である。

実は宣長の歌には「しき島の　やまとごころ」に至る原型がある。一七七三年、四四歳の自画像に寄せた次の歌である。

めずらしき　こまもろこしの花よりも　あかぬいろ香は桜なりけり

桜に心を寄せる心底の意識に、こま(高麗)＝朝鮮、もろこし(唐土)＝中国が対比概念として存在していたわけで、日本を意識するとはそういうことだった。「からごころ」からの脱却が宣長にとって、そして彼が生きた時代の日本にとっていかに重いテーマであったか感じ取る必要がある。

気の毒な誤解が宣長に向けられてきた。「しき島」の歌は太平洋戦争中「愛国百人一首」の定番とされ、曲解・利用された。かの「神風特攻隊」の部隊名が、「敷島」「大和」「朝日」「山桜」と名付けられ、徒花のごとき散華を美化する狂信的愛国主義の表象とされてしまった。しかし、宣長はそのように浅薄に捉えきれる存在ではない。あらためて宣長を読み返し、小林秀雄や吉川幸次郎など、国学研究者以外の「知」による宣長論を確認して感じるのは、彼は時代の桎梏や固定観念から距離をとった自由の人であり、価値の枠組を転換した変革者だということだ。子安宣邦が「近代における宣長の再生」と指摘しているごとく、「日本とは何か」が求められる時、日本人としての自己主張的言説の再生として宣長が蘇る構造を考えざるをえないのである(『本居宣長』、岩波新書、一九九二年)。

本居宣長なる生き方——市井の知性が国学の祖に

石川淳(中央公論社、一九七〇年)、本山幸彦(清水書院、一九七八年)、城福勇(吉川弘文館、一九八〇年)等の「本居宣長」研究を参考に、宣長の足跡を整理しておきたい。

本居宣長は、一七三〇（享保一五）年に伊勢国松坂（三重県松阪市）の小津三四右衛門定利の次男として生まれた。すでに荻生徂徠は一七二八年に世を去り、白石・徂徠の世代からは二世代後の時代を生きたことになる。小津一族は木綿を商う商家で、宣長の四代前の先祖が松坂木綿を扱う店を江戸大伝馬町に展開して財を成した。商才ある一族で、三代前は木綿店だけでなく堀留町に煙草屋と両替店を営むなど「富み栄えた」という。

江戸期の松坂は、一六一九（元和五）年以来御三家たる紀州藩の「飛地」であり、伊勢参詣者が行き交う街道の宿場町で、名古屋、京都、大坂、和歌山に繋がる交通の要衝であった。木綿や麻の集散、江戸への販売のため三井家をはじめ江戸店持ちの大商人を約三〇軒生み、商人文化が花開いた。

小津家もその一つで、宣長も「商家の教養」を身につけて育った。八歳で習字、一二歳で書道と謡曲、一七歳で射術、一九歳で茶の湯、二〇歳で「四書五経」の素読と和歌などを学んだという。当時の豊かな町人の教養の高さを印象づけられるが、宣長の場合、特に写本と多くの書物の乱読に情熱を注いだという。また、一七歳の頃から「和歌を詠む心」が芽生え、和歌や歌学の書物に関心を寄せ、二二歳頃までの詠歌四百八十余首を『栄貞詠草』と題して一巻にまとめている。

商人としては知的世界に埋没する傾向が強く、次男の宿命で一九歳の時に山田妙見町の紙商人の養子に出され、紙商人としての生活を始めるが、商売にはなじめぬまま二年で離縁となり松坂に戻った。重い挫折体験であり、母は宣長の将来を心配し、彼の知的素養を生かすべく医者にしようと思い立ち、京都への遊学を勧めた。その生涯を調べて苦笑を禁じえないのは母カツの存在である。

遊学中の宣長に毎月一両のお金を工面して送金し、「酒は杯三つ以上はやめるように」という戒めの手紙を送るなど、宣長にとって頭の上がらぬ賢く怖い母であった。現存する母の手紙は六八通にのぼり、妻の名前を「カツ」に改名させるなど、相当なマザコンであったといえるが、母との信愛は彼の世界観に正の力を与えたと思われる。

生涯を町医者として送る

京都遊学前年の一七五一年、江戸に店を出していた義兄の定治が病没、宣長が家督を相続することになった。だが商いの道にはなじめず、二三歳で医学修行のため京都遊学を選択し、まずは医学を学ぶための漢籍の読解力を身につけるべく堀景山に入門、その後医術を堀元厚に師事、京都で五年半を過ごした。一七五七年に二八歳で松坂に帰って医業を開き、自らを「くすし」と呼び、内科の町医者として生涯を送った。生真面目な記録魔であった宣長は、「済世録」として詳細な出納を残しており、一七八一年五二歳の頃、年間の医療収入は九六両となり、これが生涯最高額であった。

向学心は燃え続け、転機は三四歳の時であった。伊勢参宮に訪れた加茂真淵と松坂の旅籠で面談、翌年誓詞を提出して弟子となった。「松坂の夜」といわれる運命的邂逅の時、真淵は六七歳、その教えは「からごころを清く離れて古のまことの心を訪ね知ること」の大切さであり、『古事記』を解明したいという宣長の意思を強く後押しした。生涯に一度の面談であったが、書状を通じて真淵が亡くなるまでの六年間、指導を受けた。すでに徂徠学の影響を受け、官製儒学の限界を感じていた宣長は、真淵に触発される形で古学へと向かっていった。

議論を超えて、宣長が心を打つのはその学びの姿勢である。書斎「鈴屋」にどっしりと座り、三十数年をかけて『古事記伝』に立ち向かった。吉川幸次郎は『本居宣長』（筑摩書房、一九七七年）で「私は宣長の信徒となった」と語るが、最大の理由は宣長の「もの学びの心」、つまり学問に向かう姿勢への敬意であった。「からごころ」の研究者、すなわち中国の専門家である吉川が宣長を「世界的日本人」とまで評価するところに、多くの知的探究者が宣長に惹かれる核質がある。『古事記伝』全四四巻を六九歳にして完成、これが宣長思想の集大成であった。一八〇一年、一九世紀の入口の年に死去、七二歳であった。

宣長思想とは何か——「もののあわれ」から「古学」への踏み込み

真淵に入門した頃、三〇歳代半ばの宣長は『源氏物語年紀考』を著し、文芸観において新しい視点を提起した。歌詠みにしても物語にしても、この時代の価値に縛られた知的遊興の対象であり、とりわけ『源氏物語』は、儒教的価値観においては好色な貴族の色恋物語として隠微な文芸であった。だが宣長は、そこに人間世界を貫く「もののあわれ」を見たのである。

宣長は語る。「世の中にありとしある事のさまざまを、目に見るにつけ耳に聞くにつけ、身に触るるにつけて、その万の事を心に味へて、その万の事の心をわが心わきまえて知る、これ、事の心を知るなり、物の心を知るなり、物の哀れを知るなり」、つまり、物事の本質を深く捉える心の構えとして、主客一体の感情の移入、共感が大切だというのである。「されば、物のあはれしるを心ある人といひ、しらぬを心なき人といふなり」(『石上私淑言《いそのかみささめごと》』)と言い切るところに、彼の真骨頂がある。

この「もののあわれ」までは、深く人間社会に踏み入る心のありかたとして理解できる。しかし、そこから何故『古事記伝』、古道なのか。当時誰も踏み込まなかった古事記へと向かった宣長を理解することは簡単ではない。そこには、尋常ならざるパラダイム・ジャンプがあった。

雑誌『新潮』に一一年半も『本居宣長』を連載(単行本、新潮社、一九七七年)した小林秀雄も、「宣長の古伝説崇拝は狂信というより他にない」と醒めた目線を送りつつ、「その魂と共振できるかどうか、そこだけなのだ」と宣長への思いを集約する。六〇年安保から全共闘運動へ向かう政治の喧騒の中で、黙々と宣長研究に立ち向かった小林の「非政治的人間の政治的意思」が共振したのだろう。

宣長が礼賛した水戸光圀の『大日本史』も、古代並びに皇室への憧憬を示しながらも、日本の歴史は神武天皇に始まるとし、古事記は対象外である。幕府の正史『本朝通鑑』も正編は神武から始まる。儒者の中で唯一人、新井白石のみが『古史通』において勇敢にも「神とは人也」と言い切り、「我が国の俗凡其尊ぶ所の人を称して、加美といふ。古今の語相同じ、これ尊尚の義と聞えたり。今字を仮用ふるに至りて、神としるし上としるす等の別は出来れり」と、人為的に造られた神話の「知性に基づく合理的解釈」に向かった。

宣長はまったく違う次元で『古事記』と向き合った。理解や解釈などという次元ではなく、古事記を古代との通信装置として、自らの心を古代に繋げることで、精神の所在地を確認する営みに挑戦したのである。口誦文化から文字文化に移行する時代の上代日本人に迫る挑戦であり、このあたりから「宗教的啓示」にも近い「神のしわざ」を信じ、神代の古道を探求する宣長となっていく。

こうした方向に彼を突き動かしたものは何だったのであろうか。もののあわれを知る心とは、「儒学によって権威付けられた規範」を超えようとする美意識であった。であれば、その先に儒教による規範を超えた変わらざる価値が必要となる。そこに見えてきたのが「古の道」であった。背景には、江戸幕府とそれを支える価値体系たる「からごころ」に由来する儒学の行き詰まり、鎌倉幕府以来六〇〇年を超す武家政治の揺らぎがあった。

「鎖国」といわれる時代が、すでに百数十年も続き、文化的に依存し続けてきた中国からの自立の機運が満ちていたという背景もある。鎖国とは中国からの自立過程でもあり、一七世紀の江戸期日本は、一六七〇年の古銭禁止令、一六八五年の大和暦の採用と、流通通貨と暦という基本的な要素において中国の影響力からの自立を実現してきたのである。

一八世紀における本居宣長の登場は、「からごころからの脱皮」という意味で、江戸期日本における思想的葛藤の到達点だった。孔子・老子をはじめとする中国の聖人がいかに偉大とはいえ、中国中心に物を考える華夷思想の呪縛を超え、「あめつちのあひだ、いづれの国も、おのおの其国なれば」(『玉勝間』七)という冷静な自覚・相対感覚と「よしなき他国の説を用ひんよりは、己が本国の伝説にしたがひよらんこそ、順道なるべき」（『玉くしげ』）という思いが、宣長を古事記に向かわせたのである。

彼が生きたのは八代将軍吉宗から一一代家斉の時代だが、『古事記伝』に向き合い始めた一七七〇～八〇年代は老中田沼意次の時代（七二年老中就任、八六年失脚）で、幕政は弛緩、一七八七年に松平定信「寛政の改革」が始まるが、ラックスマン根室来航（一七九二年）など「外圧」も顕在化し、いよいよ「幕末」にさしかかっていた。

松坂に沈潜し、時代を見つめるその目には、武家政治の揺らぎと幕府を支える儒学的価値（からごころ）の限界が見えていた。そして、古道の探求の中から示したのは「日本の限りない肯定」であり、その価値を体現する存在としての天皇の復権・親政に光を見出すことであった。「討幕の思想」に点火する国学の姿が現れ始めたのである。

宣長の「世界地図」――開かれた国学という視界

本稿執筆のために松阪市を再訪し、本居宣長記念館、鈴屋をあらためて見せてもらった。とくに印象づけられたことがある。それは記念館に展示してあった宣長所有の「世界地図」である。宣長は少年期より地図が好きで、自ら詳細な日本地図を描き松坂の位置を確認（『松坂勝覧』）していたが、五七歳の時に、「地球一覧図」（天明六年、大阪書林製）を手に入れて見つめていた。つまり、地球が丸いことも、日本が極東の島国であることも知っていたのである。

私が興味あるのは宣長の世界観だが、彼自身は決して偏狭な排外主義ではなく、オランダについては好意的関心を抱いていたことが窺える。少なくとも京都滞在中に朝鮮通信使を目撃し、オランダ商館長の江戸参府にも何回か遭遇したはずだ。事実、一七四八年一九歳の京都への旅の途中、朝鮮通信使の入京・出京を目撃したと書き残している。

また、一七五二〜五七年までの五年半の京都遊学の期間、江戸参府の行き帰りに京都滞在中の長崎オランダ商館長一行に何回かは遭遇したであろう。商館長の江戸参府は一六三三(寛永一〇)年に定例化し、一七九〇年以降は五年に一回となるが、宣長が京都で居住していた柳馬場五条、綾小路室町、室町四条は、どこも本石町三丁目・河原町三条のオランダ商館長一行の定宿「海老屋」と近接しており、オランダ人を迎える大騒ぎに気づかなかったはずはない。とくに、医学を志していた宣長が随行する蘭医に関心がなかったとは思われない。

彼は生涯で二度、一六歳の頃約一年叔父の店に寄宿、二二歳の時には義兄の死に際し、店の整理のために下向、四カ月ほど江戸に滞在した。京都には五年半遊学、その他、名古屋、京、大坂、和歌山、吉野などに旅行を繰り返し、この時代の人としては行動的に動き回り、その意味でも視界を広げた人といえる。

時代を動かす思想の源流へ

一切の政治的発言や行動から距離を置いて、静かに古の日本へと価値を探求した宣長が、本人の意図を超えて時代を動かす思想の源流となる。それを同時代人として見抜いていたのが、宣長批判の急先鋒ともいえる上田秋成(一七三四〜一八〇九年)であった。怪異小説の傑作とされる『雨月物語』を書いた秋成だが、古学を志す宣長とは一線を画す国学者でもあった。太陽神である天照大神が万国を照らし皇国日本が万国の上に在るという考えは尊大であり、日本が「池の面に浮かぶささやかなる一葉」のような小国であることを認識すべきで、「日本魂と云ふも、偏るときは、漢籍意にひとし」として、自己中心的な中華思想と同次元の自己主張になりかねないことを懸念している。これに対し宣長は、「いかなる広大なる国にても下国は下国也。狭小にても上国は上国なり」と動じない。宣長がひたすら問い続けたのは、道に適った国家の質であり、国家権力や国威発揚ではなかった。

非政治的人間として松坂に正座した宣長は、「からごころ」の儒学を正学とする幕府を倒す理念的根拠を提起して、静かに去った。だが、その志を継ぐ形で文化年間から平田篤胤が古道への回帰を主張して討幕の正当性を支え、明治になると川口常文「本居宣長大人伝」(一八九五年)などが高等国文の教科書にも登場し、尊王愛国思想のイデオローグに祭り上げられていく。

鈴木大拙に「外は広く、内は深い」という言葉があるが、時代の桎梏の中で、本居宣長という人は静かに「日本とは何か」を追い、歴史の古層にまで内の深さに迫っていったのである。

(2014・12)

明治近代化と日本人の精神

明治期日本人の精神——江戸期に埋め込まれた魂の基軸

新渡戸稲造が『武士道』を書いたのは一八九九(明治三二)年で、三七歳であった。一八六二年に盛岡で南部藩士の子として生まれた新渡戸が「日本国民およびその一人一人を突き動かしてきた無意識的な力」、つまり魂の基軸を自己解明した作品ともいえる。

新渡戸については、本書Ⅳ「キリスト教の伝来と日本」において明治のキリスト者で「偉大な教育者」であり「憂国の国際人」としての人物像に触れたが、あらためて、明治期日本人の精神を確認する意味で言及しておきたい。『武士道』の序文において、新渡戸は執筆の意図に関して、欧州の有識者との対話において、宗教教育がない日本で「どのようにして子供に道徳教育を授けるのか」と聞かれ、それに対する解答を模索したものだと語っている。さらに、第二章で、「武士道の源」に言及している。キリスト者たる新渡戸が、自らの体験的考察において、日本人の価値基軸として埋め込まれたものをどう認識していたかは示唆的であり、新渡戸は「武士道の源泉は孔子の教えにあり」という。そして、「冷静、温和にして世才のある孔子の政治道徳」が、君臣、父子、夫婦、兄弟、朋友の関係を支える規範になってきたと述べる。さらに、儒教倫理を中核としながら、仏教と神道が日本人の精神に深い影響を刻んだと指摘する。仏教は「運命に対する安らかな信頼の感覚、不可避なものへの静かな服従、危険や災難を目前にした時の禁欲的な平静さ、生よりも死への親近感をもたらした」と語り、神道は「先祖への崇敬」「自然崇拝」という価値をもたらしたという。

「武士道」の柱として新渡戸は七つの価値を提示する。「義」(支柱としての正義の道理)、「勇」(胆の錬磨)、「仁」(人の上に立つ条件)、「礼」(他人への思いやり)、「誠」(二言なき生き方)、「名誉」(苦痛と試練に耐える心)、「忠義」(何のために死ぬか)の七つである。サムライの子だった新渡戸が、儒教の「四書」(大学、中庸、論語、孟子)「五経」(易経、書経、詩経、春秋、礼記)を日本人の価値の基軸とするのも頷けるし、新渡戸自身はキリスト者として、「功利主義者や唯物論者の損得勘定哲学は、魂を半分しかもたない屁理屈屋が好むところである。功利主義や唯物論に対抗できる十分に強力な他の唯一の道徳体系こそキリスト教である」とまで言い切るが、怒濤のような西洋近代化の波に直面した明治期の日本人が、葛藤の中で自らの心を支えるものを求めて自問自答をしたことは間違いない。

そして、多くの日本人が江戸時代を通じて身につけた精神性、それを新渡戸は「武士道」と表現してみせたが、仏教、儒教、神道の複合によって形成された価値体系を再確認したといえる。新渡戸は『武士道』の最後を「不死鳥はみずからの灰の中から甦る」という名言によって締めくくるが、近代化とともに浸透する功利主義と金銭主義の中で失われつつある日本人の精神への危機感と願望が滲み出た言葉である。

過日、山形県の鶴岡市で、江戸期に庄内藩の藩校だった「致道館」を訪ねる機会を得た。藤沢周平が描いた武士の世界の舞台が庄内藩であり、花よりも根を大事にする「沈潜の風」とされる庄内人の気風を培った基盤がこの致道館にあったことを実感した。幕藩体制下の日本に二五五校存在したといわれる藩校の多くが、儒学の中でも朱子学を学ばせたのに対して、致道館は荻生徂徠の古文辞学(徂徠学)を学ばせたのが特色だという。

この藩校という仕組みが、各地の人材育成の基盤となった。一八七一年の廃藩置県で廃止されたが、旧藩校が形を変えて地域教育の中核としての役割を果たした事例が多い。また、明治期の向学心の強い士族出身の青年が東京で学ぶ時、かつての藩主の多くが藩邸を藩校の延長の寮として提供して郷土出身者を支えた。この中で醸成され、暗黙のうちに人生の規範として定着していったのが「武士道」的価値だったといえる。

およそ明治という時代を知的に生きた知的青年は、西洋化の潮流の中で、日本人としての精神的基盤を問い直した。「日本哲学の座標軸」といわれる西田幾多郎(一八七〇〜一九四五年)の『善の研究』(弘道館、一九一一年)もこの知的緊張の中から生まれたといえる。西田四一歳の作品で、青年西田幾多郎の知の格闘の凝縮でもある。西田は「宗教」に関し、「宗教的要求は自己に対する要求である」と語り、「真正の宗教は自己の変換、生命の革新を求めるのである」と言い切る。人間が自らの内面を見つめる力に宗教の本質を見るのであり、「真摯に考え真摯に生きんと欲する者は必ず熱烈なる宗教的要求を感ぜずにはいられないのである」とする西田の言葉は重い。そして、「我々は最深なる内生に由りて神に到る」という視座に立って、「宗教の真意はこの神人合一の意義を獲得するにある」という西田の帰結は、宗教のあるべき姿を考える者にとって視界を拓くものである。

和魂洋才とは何か

明治期の日本人の精神的系譜を整理する上で、平川祐弘の『和魂洋才の系譜――内と外からの明治日本』(河出書房新社、一九七一年)は重要な作品である。

「和魂洋才」の起点が「和魂漢才」にあり、日本人の精神性が外からの圧力に対する緊張によって形成されてきたことがわかる。日本人にとって、重い存在は常に中国の文明・文化であった。「やまとだましい」が「からごころ(もろこし)」と対峙することで形成され、『源氏物語』の「乙女」の巻の一節が紹介されている。「猶《なお》、才を本としてこそ大和魂の世に用ひらる、方も、強う侍らめ」という行であるが、ここで「才」とは中国の学問のことであり、平安期の教養人の理念が「和魂漢才」にあったことを紫式部は示唆しているのである。

中国渡来の先端的知識も大切だが、日本の特性にも心を配るという、和魂漢才を兼具することを評価するというものであったが、鎌倉期の蒙古襲来以降、「和魂」は「やまとだましい(大和魂)」となって神国日本思想を芽生えさせた。そして、それが江戸期には本居宣長の「からごころからやまとごころへ」という国学の思想に影響を与え、後述する「国家神道」への伏線になっていく。

『和魂洋才の系譜』は明治を代表する国際人、森鷗外（一八六二〜一九二二年）に焦点を当て、西洋化日本と和魂の行方を追っている。そして、ドイツに留学して医学を学び、エリート軍医として生涯「官」に仕えた鷗外が残した遺言が「石見人森林太郎として死せんと欲す」であり、「あらゆる外形的取扱いを辞す」であったことに注視している。鷗外は「学問と芸術の位は人爵の外にある」という信念を貫き、官位・勲章などの栄誉に価値を置かなかった。晩年の鷗外は、「易経」にある「自彊不息《じきょうふそく》」、すなわち「自ら静かにつとめてやまない」という言葉を好んだという。西洋の知才の世界を生きながら、東洋的価値観を端然と貫いたわけで、「和魂洋才」を体現した人物といえる。

また、日本資本主義の父といわれ、五〇〇を超す企業を興した渋沢栄一が七六歳の時に書いた『論語と算盤』（一九一六年）は、「道徳経済合一主義」を論じたもので、「士魂商才」という言葉が登場するが、明治の経済人の多くが、利潤追求だけではない資本主義を志向した背景には、江戸期に蓄積された価値観が強く潜在していたことを思わせるのである。

明治というあまりにも特異な時代——国家神道への傾斜

明治を生きた青年の多くが、真剣に自らが拠って立つべき精神の基軸について苦闘していたこととは別次元で、国家としての日本は「国家神道」の確立に突き進んだ。国家統治の中心に「天皇」を置き、「尊皇」の具体化のための祭政一致の国体の実現を目指したのである。そして、そのことが「戦争」という悲劇に突き進む淵源となったといえる。

一八六八(慶応四)年三月に、明治政府は「祭政一致」の布告を行い、「神仏分離令」が公布された。江戸期の仏教優位の神仏習合を反転させ、神社の地位を仏教寺院の上に置くもので、日本各地において「廃仏毀釈」といわれる過激な寺院・仏像を破壊する運動の引き金を引いた。国家神道の展開と国民への浸透については、島薗進『国家神道と日本人』(岩波新書、二〇一〇年)に詳しく触れられており、一八八九年の「大日本帝国憲法」、翌一八九〇年の「教育勅語」という形で、上からの政治主導による「国家神道」体制が形成されていった過程が確認できる。

大日本帝国憲法第二八条には「日本臣民ハ安寧秩序ヲ妨ゲズ及臣民タルノ義務ニ背カザル限リニ於テ信教ノ自由ヲ有ス」とあり、キリスト教や仏教まで、すべての宗教の自由が保証されたともいえる。ただし、神道だけは宗教というよりも特異な国家統治のシステムの中心に置かれ、それを定着させたのが「教育勅語」であった。天皇と臣民の紐帯を中心概念として、臣民が守るべき儒教的徳目が提示され、天皇中心の「国体」を護り抜くために「一旦緩急アレバ義勇公ニ奉ジ以テ天壌無窮ノ皇運ヲ扶翼《ふよく》スベシ」という、究極の国家神道的価値が強調されたのである。明治期から一九四五年の敗戦以前の時代を生きた日本人は、「教育勅語」を基盤とする教育課程を通じて、「心の習慣」として国家神道の価値観を共有することとなった。

ここで埋め込まれた万世一系の天皇を戴く「神の国日本」という意識が、ドイツ帝国を模した「国家主義」と相関し合い、富国強兵で自信を深めるにつれてアジアを見下し、「日本を盟主とするアジアの興隆」という危うい国家思想に変質していったことを省察せざるをえない。

司馬遼太郎の『坂の上の雲』は、国家と帰属組織と個人が共通の目標（坂の上の雲）を見上げて生きることのできた「幸福でもあった時代」として明治を躍動感をもって描いている。一方、敗戦後の戦後なる時代を生きた青年の心象風景は、一〇歳で敗戦を迎えた寺山修司の「マッチ擦る つかのま海に 霧ふかし 身捨つるほどの 祖国はありや」に象徴されるのではないか。価値基軸が崩壊した時代に立ち尽くしたのである。

「昭和軍閥」のせいで真珠湾への道に迷い込んだとし、明治という時代は西洋化の潮流に青年たちが「和魂洋才」で歯を食いしばった時代として認識されがちであるが、祭政一致の国家神道に国民を呪縛し、その帰結としての選民意識とアジアへの侮りが、尊大で無謀な冒険主義に日本を駆り立てた主因だったことを深く認識すべきである。

戦後において、日本国憲法の下に「政教分離」がなされ、神道と国家の結合は否定されたが、今上の天皇の即位に関わる一連の儀式において明らかなごとく、皇室祭祀はほぼ明治期天皇制を踏襲しており、政治リーダーの中には国家神道への回帰をもって「日本を取り戻す」ことと考えている勢力もある。日本は今、微妙なところに立っているのである。

（２０２０・１）

明治維新とは何だったのか
――埋め込まれた国家神道――

維新史の原点――明治天皇一五歳の原像

明治維新直後の日本がどのような国造りを目指していたのかを考えさせられる興味深い記録がある。英国の外交官A・B・ミットフォード（一八三七～一九一六年）の『英国外交官の見た幕末維新』（新人物往来社、一九八五年）によれば、一八六八（慶応四）年三月二六日（新暦）、英国公使パークスと共に、ミットフォードは明治天皇に京都御所の紫宸殿で謁見の機会を得ている。つまり、明治天皇と直接面談した英外交官の記録なのである。

謁見のタイミングがきわめて重要で、鳥羽伏見の戦い（一月二七日、旧暦一月三日）からわずか二カ月後であり、謁見の一〇日後の四月五日（旧暦三月一三日）には、祭政一致の国体を明らかにするために、太政官と並ぶ格式での神祇官再興の布告がなされ、翌四月六日には「五箇条の御誓文」が出され、まさにスタート時の明治新政府の基本性格が投影される史実なのである。この年、一八六八年は、一〇月二三日（旧暦九月八日）に「明治」と改元され、一一月二六日（旧暦一〇月一三日）に明治天皇が東京(江戸)に入る慌ただしい明治の始まりの年であった。

ミットフォードは満一五歳の明治天皇(一八五二〜一九一二年)を注視しその印象を書き残している。

「彼(明治天皇)は白い上衣を着て、詰め物をした長い袴は真紅で夫人の宮廷服の裳裾のように裾を引いていた。……眉は剃られて額の上により高く描かれていた。頬には紅をさし、唇は赤と金に塗られ、歯はお歯黒で染められていた。このように、本来の姿を戯画化した状態で、なお威厳を保つのは並たいていのわざではない」

つまり、明治天皇は、ほとんど「巫女」(神を祀る「天つ神」の子)に近い存在感を放っていたというのである。『明治天皇紀』によれば、明治元年から二年にかけての明治天皇は、『神皇正統記』や『日本書紀神武天皇紀』の進講、輪読などを繰り返し受けており、天皇を取り巻く環境が神道による天皇親政という熱気に満ちていたことがわかる。

我々日本人にとって明治天皇のイメージは、映画『明治天皇と日露大戦争』の嵐寛寿郎のごとく、近代国家を率いる大元帥の軍装をした姿である。いつ、何故変わったのか。実は、意外に早い明治六年という段階で、お歯黒・描き眉などは止め、髷を切って洋装をしていたという。それは、祭政一致の天皇親政国家として生まれた明治が、列強の圧力の中で生き残るため、列強に倣った近代国家に変容せざるをえなかったことを示している。

外交官としてだけでなく優れた日本学者として足跡を残したアーネスト・サトウ(一八四三〜一九二九年)の『一外交官の見た明治維新』(岩波文庫、一九六〇年)を読むと、この謁見の背景、ミットフォード証言の信憑性などが見えてくる。謁見にこそ立ち会っていないが、サトウもパークス公使一行に加わり、行動を共にしていた。鳥羽伏見の戦いに敗れた幕府を見限った江戸の英国公使館全員がイギリスの汽船アドベンチャー号で大坂に向かった。そして、新政府を率いる天皇との謁見に関し、サトウは次のように述べている。「謁見の席に陪席を許される公使館員は、ミットフォード一人だけであるが、これは同君がイギリス本国で宮廷に伺候した経歴があるからだ」

ミットフォードは、後にリーズデイル男爵となる貴族の血筋の人物であった。高い日本語能力を有し、「誰の助けも借りずに日本語の会話をやってのけた」とサトウも書き残している。

サトウは、幕末・維新史の政治力学の中で特別の役割を果たした。たとえば、一八五八年の日英修好通商条約の締結にあたり、「日本の元首は天皇(ミカド)であって、大君(将軍)はその代役であるという認識」を新しい外交政策の基調とすること、すなわち「天皇が条約締結の権限を有する存在」であることを外国の側から定着させる役割を果たした。彼は、天皇を「英国王」と同格の「マジェスティ」と訳し、将軍を「ハイネス」と訳したのである。背景には、彼が、抜群の日本語力で、西郷隆盛など尊王派の志士たちと親交を深めていたことがある。

実は、パークス英公使の謁見は三月二三日に予定されていたが、攘夷浪士による襲撃事件が起こり、三日後になった。一行は東山の知恩院に滞在していたが、御所に向かう途上、二人の攘夷派の浪士に襲われ、公使は無事だったが数人の負傷者が出て参内は中止となった。刺客の一人は斬り殺された。こうした事件が頻発する緊迫した時代だった。

英公使との謁見に先んじて、三月二三日にフランス公使ロッシュとの謁見もなされたが、随行・同席したフランスの軍艦の艦長デュプティ・トゥアールの記録も残されており、若き明治天皇の服装と様相についてはミットフォードの記録とほぼ同じである

明治維新という神道国家の建設

慶応四年の明治天皇の正装の意味するものは何か。それは明治維新の基本性格が「王政復古」であり、天皇親政の神道国家の建設だったということである。倒幕・維新を推進した雄藩の志士は「天朝御恢復」を掲げ、「諸事神武創業の始に原」(王政復古の大号令)として神話的始原への復古を志向していた。それは江戸期を通じて醸成された古層への回帰であり、幕府の正学とされた儒学を否定し、本居宣長などの国学・神道の台頭などが淵源となっていた。天皇を「神聖」とする「国体」概念が、吉田松陰などによって維新をもたらす源泉になった事情は、松本健一の『開国のかたち』(毎日新聞社、一九九四年)所収の「国体論という日本の「原理」」で論究されている。

本書ですでに論じてきたように、江戸期の宗教状況は、幕府の統治機構の一翼を担うことになった「寺請・檀家制度」によって仏教が秩序の支柱となり、仏教主導の神仏習合を特質としていた。平安後期以降、日本土着の神々は本地垂迹説《ほんじすいじゃく》によって仏教的世界に組み込まれ、仏の下に位置付けられてきた。天皇家も仏教徒としての歴史を刻み、持統天皇以降一〇〇〇年以上、天皇の葬儀は仏式で墓も寺院に置かれ、とくに江戸期は京都東山の泉涌寺に墓陵が造られてきた。

明治になって江戸城が皇居となり、天皇が君臨する神国として神道式の祭祀の施設が整備されると、代々の天皇の位牌・仏像・仏具は泉涌寺に還され、天皇と仏教の関係は遮断され、仏教色は軽視された。廃仏毀釈が吹き荒れ、富士山頂の大日堂から大日如来は撤去、浅間神社が造られた。

近代国家という擬態への軌道修正

天皇親政の祭政一致国家でスタートした明治維新は、意外に早々と方向を変え始める。明治四年、神祇官を神祇省に格下げし、明治五年、神祇省も廃止して教部省を設置、大教院を中核とする神仏合同布教へと軌道を修正する。また、明治六年には維新後も続いていた切支丹禁止を解除、当初の神道国家の性格を緩め始めた。

明治という時代の設計者たちが「世界」を意識し始めたのである。一八七三(明治六)年九月、岩倉使節団が二年間の米欧巡回から帰国した。同行していた参議の木戸孝允(一八三三〜七七年)が提出した建議書は、世界を見聞して、明治新政府の目指すべき国の基本骨格について世界に伍す近代国家の要件に目が開かれたことを示している。曰く、「今文明の国に在ては君主ありと雖も闔国《ごうこく》の人民一致協合其意を致して国務を條列し……之を目して政府と名《なづ》け有司を以て其局に充てり而して有司たる者は一致協合の民意を承け……」。

木戸孝允といえば、友人に書き送ったとされる俳句「世の中は　桜の下の　相撲かな」を思い出す。長州藩士・桂小五郎として、幕末維新史を駆け抜けた木戸にとって、死んでいった仲間を想い、相撲に敗れ、倒された者が見上げる桜の景色に心が向かったのであろう。

建議書提出の四年後、四三歳で世を去った木戸だが、彼の立憲主義、民主主義は、あくまでも「有司」(官僚)が「万機を議論し、天皇が専制する」枠組の中でのものであった。

久米邦武の『米欧回覧実記』は、明治の設計者たちが、復古から開化に視界を転ずる上で岩倉使節団がもった意味を考えさせる。大久保利通は「ビスマルク、モルトケと出会えたのが今回の旅の唯一の成果」と帰国直前の手紙で書いているが、米国やフランスの民主主義や英国流の立憲君主制よりも、ビスマルク流の「国力増強」を至上とする国権主義的国造りに惹きつけられ、ドイツをモデルとする近代化へと踏み込んでいく。このあたりが復古と開化を繋ぐ結節点だったのである。

明治近代化という言葉があるが、「攘夷のための開国」という道を歩み始めた日本は、「富国強兵」「殖産興業」を掲げ、欧米と伍するために、内閣制度(一八八五年)、大日本帝国憲法発布(一八八九年)、議会制度(一八九〇年)と次々と整備していった。そのために、国家神道は「密教」として封印されることとなり、そのことが日本近代史のマグマになり噴出することは次節で論じたい。維新から敗戦までの七七年間を「明治」とすれば、明治は「近代国家」と「神道国家」が二重構造になっているのであり、それを繋ぐ形で天皇を中核とする「国体」が存在したのである。

(2020・6)

国家神道による天皇親政という呪縛
——埋め込まれた密教が噴出した昭和期——

天皇親政の祭政一致の神道国家を目指して出発した明治という時代は、欧米列強に伍すために、近代国家としての装いを整えざるをえなかった。内閣制、憲法発布、議会制度の導入、そして殖産興業、富国強兵の路線を歩むにつれ、天皇親政を志向する国家神道は封印されたが、封印されたマグマは間歇泉のごとく蘇り、昭和日本を迷走させた。明治という時代が「近代日本の礎」という性格と「埋め込まれた神道国家」という二重性を抱えていることに気づかざるをえない。そして、このことは今日でも、日本人の歴史への向き合い方を悩ませている。

天皇機関説問題の意味——噴出したマグマ

天皇機関説問題の淵源は、美濃部・上杉論争に遡ることができる。一九一二(大正元)年、美濃部達吉(一八七三〜一九四八年)は『憲法講話』(岩波文庫、二〇一八年)を刊行し、当時の政府を含む識者の定説ともいえる国家主権説に立った天皇制の位置付けを語った。これに対して、東大教授の上杉慎吉が「国体に関する異説」(雑誌『太陽』一八巻八号、一九一二年)に、主権・統治権は法人たる国家ではなく天皇に帰属するという「天皇主権説」を展開して論難する。上杉は穂積八束を師とする天皇主権説学派の学者であった。

今日からみれば、美濃部の学説は、国民主権を主張する民主的学説ではなく、あくまで国家主権に立ち、その最高機関として天皇を位置付けるもので、明治憲法制定の立役者だった伊藤博文が語っていた明治憲法の制定の意図(『憲法義解』)に沿ったものであった。伊藤は一八八八年に枢密院議長として「憲法制定の根本精神」について次のように発言している。――「仏教は……今日に至りては已に衰替に傾きたり。神道は祖宗の遺訓に基き之を祖述すと雖も、宗教として人心を帰向せしむるの力の乏し」という認識に立ち、「我が国に有て機軸とすべきは、独り皇室あるのみ、是を以て此憲法草案に於ては専ら意を此点に用ひ君権を尊重」したことを確認している。

この伊藤博文の「神道的要素を抑えた主権在君」論を、欧州列強の立憲君主制との整合性を意識して理論化したのが美濃部の「国家主権の最高機関としての天皇制」だったといえる。それに対して、現人神としての神道神話的要素を体現した天皇親政を「あるべき国体」とする主張が根強く存在し、それが噴き出たのが一九三〇年代半ばだった。

唐突に噴き出たものではない。この頃の日本が置かれた国際的な孤立を背景に、日本人の心理に「日本は天皇親政の特別の国だ」という苛立ちが芽生えていたことを注視したい。富国強兵の近代化路線を歩んだ日本は、日清・日露の「戦勝」で自信を深め、一九一〇年には「朝鮮併合」、一九一四年には「日英同盟」を理由に第一次世界大戦に参戦、ドイツの山東利権に襲いかかった。この第一次大戦期の一九一五年、「対華二一カ条の要求」を中国に突きつけ、日本自身が新手の植民地帝国に変身していく。そして、関東軍主導での満州国建国(一九三二年)、国際連盟によるリットン調査団報告(「満州事変」を日本の自衛行動と容認せず)を経て、一九三三年三月には国際連盟を脱退、国際社会からの孤立を深めた。

「昭和軍閥」という言葉があるが、こうした状況を背景に「皇道派」対「統制派」の対立という形で、陸軍内部の抗争が加速する。皇道派は反長州閥的性格のものであったが、「皇道」という言葉に象徴されるごとく、軍の統帥権は大元帥たる天皇に直属していることを掲げ、内閣や議会を軽視する空気を有し、政治の混迷への苛立ちの中で行動を突出させ始めた。一九三五年八月には陸軍省軍務局長の永田鉄山少将が皇道派の相沢三郎中佐に惨殺される事件が発生、それが翌年の皇道派将校による二・二六事件へとつながっていく。

こうした殺伐とした閉塞感を背景に天皇機関説事件は起こった。一九三五年二月、在郷軍人議員菊池武夫が貴族院本会議で天皇機関説を「皇国の国体に反する」と攻撃、さらに衆議院議員江藤源九郎が天皇機関説を不敬罪として告発、東京地方裁判所検事局に受理された。時の政府(岡田啓介内閣)も、政友会、軍部、在郷軍人会、右翼団体等の圧力に屈し、「国体明徴声明」(八月)を出すに至った。その後、美濃部の貴族院議員辞職(九月)を経ても、自説を曲げない美濃部に追い打ちをかけるように、政府は二度目の「国体明徴声明」(一〇月)を出し、その著作の多くは発禁処分となった。

明治なる時代の二重構造

国体明徴声明から四カ月、二・二六事件が勃発した。事件を主導した皇道派の叛乱将校たちは「天皇親政」を掲げる自らの行動を「国体明徴の実行」と確信していた。関連資料からは、事件が青年将校の「暴発」ではなく軍閥の領袖、政治家、皇族の一部に至るまで、天皇親政に共鳴する多くの人間の関与・謀議が見え隠れする。「叛乱」と認定するのに時間を要したのはそのためである。

昭和天皇自身は「天皇機関説」に賛成していたことは確かで、『昭和天皇独白録』(文藝春秋社、一九九一年)において次のように述べている。「私は国家を人体に譬へ、天皇は脳髄であり、機関と云ふ代りに器官と云ふ文字を用ふれば、我が国体との関係は少しも差支ないではないかと本庄(繁)武官長に話して真崎(甚三郎・教育総監(皇道派の首領))に伝へさした」

「天皇機関説」に関する文献としては、美濃部達吉の至近距離にいた宮沢俊義の『天皇機関説事件』(有斐閣、一九七〇年)が優れた基本資料であり、「ファシスト進軍のためのスケープゴート」にされたという解明が説得力を持つ。この国では統合の危機を迎えると「現人神イデオロギー」が顕在化するようで、考えると、明治維新から一九四五年の敗戦までの七七年間で、「天皇親政の神道国家へ」という熱気を放っていたのは、明治期の最初と敗戦までの最後の一〇年ということになる。

久野収や鶴見俊輔は、明治なる時代の「国体」について「国家宗教の密教の部分と顕教の部分」という絶妙の言葉で捉えている。密教とは封印された国家神道、顕教とは明治近代化路線である。

明治という時代が持つ「記紀神話という古層への回帰」と「近代国家の夜明け」という二重構造に先賢たちも悩んだのである。(たとえば、鶴見俊輔『戦時期日本の精神史』岩波現代文庫、二〇〇一年)

二〇一八年一〇月、明治一五〇周年記念式典における安倍首相式辞は、「明治という時代が新たに生み出した多くの人材が、急速な近代化の原動力となり、我が国は近代国民国家への第一歩を踏み出しました。憲法の制定、議会の設置、内閣制度の導入など、立憲政治・議会政治の基礎が築かれました」と「顕教」の部分を強調するが、安倍政権を取り巻く本音における明治への共感は「密教」の部分、神道国家の復権にあることは論を俟たないだろう。

それはこの政権を支える神道政治連盟、日本会議などの主張を見つめれば明確である。

天皇制の本質についての冷静な認識

一九三五年の国体明徴声明からわずか一〇年後の一九四六年正月、天皇の神格否定の詔勅(人間宣言)がなされた。これに先立つ一九四五年一二月一五日、連合軍最高司令部(GHQ)からの「神道指令」(国家神道、神社神道に対する政府の保証、支援、保全、監督並に弘布の廃止)が出され、それが日本国憲法における「象徴天皇制」へと繋がっていく。天皇を日本精神の基軸と信じそれ故に天皇親政を夢見た二・二六事件を支持し、「精神が敗れ、政治理念が勝った」と総括した三島由紀夫は、「天皇の人間宣言」に「などてすめろぎは人間《ひと》となりたまひし」(「英霊の聲」)と、あたかも二・二六将校が憑依したような呪詛の言葉を投げつけた。政治の機能不全と経済の堕落が極まると何故かこの国では天皇親政への願望から「維新」が語られる。明治維新も昭和維新も天皇親政幻想の発露であった。三島はバブル期の日本を見ることなく四五歳で自死したが、その後の大前研一らの「平成維新」はグローバル化促進運動であり、維新は皮肉な形で屈折する。

あらためて、天皇制の本質に関して、戦後日本の歴史研究の中で深まってきた議論を吸収しておきたい。たとえば、石井良助の『天皇――天皇の生成および不親政の伝統』(山川出版社、一九八二年)は、時代を超えた天皇制の本質を「不親政」と捉えたが、この視点は、「象徴天皇制」を規定した戦後の日本にとって、天皇がむしろ本来の「不親政」に回帰したという意味で、説得力を持つ。また、吉田孝は『歴史のなかの天皇』(岩波新書、二〇〇六年)において、天皇制は時代を超えた一貫した性格を持ってきたわけではないことを検証しており、さらに、水林彪の『天皇制史論――本質・起源・展開』(岩波書店、二〇〇六年)は、律令制から江戸期までの一二〇〇年間の天皇制(前近代天皇制)を「天皇は権力を持たない権威であった」と論証し、天皇制についての固定観念を突き崩した。少なくとも、天皇制には時代を超えた一貫した性格はなく、特に明治維新から敗戦までの七七年間の「権力と権威を一体化させた絶対天皇制」がきわめて特異なものだったといえる。

昨今の憲法改正論議における自民党案のごとく、第一条「象徴天皇制」を止めて、「天皇を元首とする」という改正を目指す勢力が存在するが、歴史の教訓を直視するならば、政治権力を持ちうる天皇制への回帰は必ずそれを利用する存在を生み、歪んだ形での専制をもたらすことになる。令和日本の課題は象徴天皇制を国民の共感と敬愛を基盤に定着させることである。（2020・7）

Ⅶ

現代日本人の心の所在地
――戦後日本を問い直す――

世界認識における「宗教」の重要性を注視し、「人類史における宗教の淵源」から世界宗教史を踏み固めてきた。世界宗教としての中東一神教、とくにキリスト教、イスラムの世界化を追った。また仏教に関して、ブッダの仏教と日本に伝わった大乗仏教の違いを確認し、中国を経て漢字の教典となった仏教の意味、さらに仏教伝来後の日本における仏教史を追ってきた。宗教に関する「全体知」の試みを踏まえ、いまを生きる日本人の心の所在地を探っておきたい。

戦後日本
――希薄な宗教性がもたらすもの――

現代日本の宗教人口と宗教意識

文化庁の『宗教年鑑』(平成三〇年版)によれば、日本には八五三三万人の仏教信徒、八六一七万人の神道信徒、一九二万人のキリスト教徒、その他宗教の信徒七七四万人を合わせ、一億八一一六万人の宗教信者が存在する。つまり、総人口をはるかに上回る宗教信者が存在するということになる。もちろん、これは宗教教団側からの檀家、信徒、氏子を積み上げた申告の累計であり、国民意識において宗教に帰依していると自覚している人の数とは大きなギャップがあり、ここに日本の宗教がおかれた特徴があるといえる。

国民意識の中での宗教に関し、NHKの「国民意識調査」(二〇一八年)を見れば、現代日本人の宗教に関する意識が透けて見える。同調査での「宗教とか信仰とかに関係すると思われることがら」で、「あなたが信じているものは」という問いに対して、複数回答可という条件の中で、「何も信じていない」という回答が三一・八％で、これは一〇年前の二〇〇八年調査の二三・五％に比べ大きく増えており、一九七三年に調査が始まって以来の高い数字となっている。

「神」を信じると答えた人は三〇・六％(一九七八年調査時三七・〇％)、「仏」を信じる人は三七・八％(七八年時四四・八％)、「聖書・経典の教え」を信じる人は五・七％(七八年時九・三％)という数字の変化は、明らかに宗教の受け止められ方が希薄になってきたことを感じさせる。

一方で、「奇跡」を信じる人は一四・〇％(七八年時一四・九％)、「お守り、お札の力」を信じる人は一五・七％(七八年時一五・八％)、「易・占い」を信じる人は四・六％(七八年時八・三％)と、一定の安定的な支持を維持しており、「グッド・ラック宗教」「お守り宗教」とでもいおうか、自分と身内の幸福を願う「招福を期待する心理」は根強く存在し続けていることがわかる。

日本人には宗教性がないのか、というとそうでもない。山折哲雄は『近代日本人の宗教意識』(岩波書店、一九九六年)において、「日本人は非宗教的世俗論者ではない」として、「漠然とした無神論的信条は、自然の背後に「神」の身じろぎを感ずる鋭敏な無常感と背中合せになっている」と論じているが、それはかつて寺田寅彦が「天然の無常」(「日本人の自然観」一九三五年)と表現した日本人の自然観、「山も川も木も一つ一つが神であり人でもある」にも通じる納得のいく視界であろう。

「「神」の身じろぎを感ずる鋭敏な無常感」は、潜在意識に置いて時代を超えて日本人に受け継がれていると思われるが、そこにも微妙な変化が起こっていることも直視しなければならない。

日本人の価値意識の変化の背後には、「世代の入れ替わり」という要素が重く存在している。「日本国民」のすでに九割以上が、アジア太平洋戦争後の日本を生きた世代になっていることを注視したい。二〇二〇年の初頭の日本において、八〇歳以上が一一三二万人、総人口の九・〇%となっている。八〇歳は一九四〇(昭和一五)年生まれである。つまり、平成が終わった今、明治・大正世代、昭和一桁世代の人口比重は五%を割り、この意味で日本人を構成する中身が変わったのである。それは、「教育勅語」に基づく教育(一九四七年教育基本法公布、四八年教育勅語の排除・失効国会決議)を受けた日本人はほとんどいなくなったということでもある。すなわち、今生きている日本人の圧倒的多数は、戦後民主教育を受け、戦後なる日本の七五年間と並走した存在なのである。

本書Ⅵ「明治近代化と日本人の精神」において、明治期日本人の精神を考える素材として、新渡戸稲造の『武士道』に触れた。『武士道』は、宗教心がないかに見える日本人だが、武士道に凝縮される価値を身につけていることを論じている。江戸期の日本が、幕府の正学とされ、武士階級の知の基軸となった儒学を含む「神仏儒の交渉の時代」であり、この作品が書かれた一八九九年の日本には、まだ武士道こそ魂の基軸といえる土壌が残っていた。しかし、現代日本において武士道を語りうる人間はほとんどいない。社会構造の変化が日本人を変えたのである。

スポーツ・イベントを盛り上げるために、現在も「サムライ・ジャパン」などの勇ましいキャッチフレーズは飛び交うが、儒学・漢籍の素養も「神仏儒」の知見も全く持ち合わせない日本人になっているのである。

戦後日本は産業と人口を大都市圏に集積したために、鎮守の森の神社も檀家だった寺も田舎に置いて、若者は都会に動いた。「盆暮の里帰り・墓参り」は続いたが、都会生活も二代目、三代目となると田舎との接点は希薄になり、それは宗教との関係も希薄化させた。三橋美智也、春日八郎、千昌夫、吉幾三などを思い起こしても、一九六〇年代から八〇年代まで、日本の歌謡曲の柱は「田舎と都会の応答歌」であり、都市新中間層は故郷を想いながら都会に生きた。だが、すでに両親の住む帰るべき故郷はなく、過疎化の中で、全国に七・七万も存在する寺のうち、二万以上の寺に僧侶はいなくなった。「葬式仏教」と「観光仏教」、そして「お祭り神道」「教会結婚式」は生き延びているかにみえるが、教理を心に刻み、人知を超えた大きな宗教的意思に心を配る宗教性は加速度的に失われている。たとえば、東京を取り巻く国道一六号線に沿って、戦後日本は「団地」「ニュータウン」「マンション群」を建設し、首都圏における居住空間を形成した。ここが「工業生産力モデル」日本を支えたサラリーマン、都市新中間層の集積地帯であり、今やこのゾーンが急速に高齢化しているのである。田舎との距離感の変化は宗教との疎遠化にも投影され、「寺じまい」「墓じまい」を加速化させている。大都市部では「死して散骨」は珍しくなくなった。

戦後日本人の心の基軸——経済主義の行きづまり

戦後日本人の中核となった都市新中間層の心の基軸となったものは何だったのであろうか。あえていえば、都市新中間層の宗教ともいえるのが「ＰＨＰの思想」(豊かさを通じた平和と幸福)だった。Peace and Happiness through Prosperity は、敗戦の翌年一九四六年に松下電器の創業者・松下幸之助が提起した概念であり、翌年発刊された雑誌『ＰＨＰ』の創刊号には政治学者の矢部貞治や詩人・室生犀星が寄稿している。松下のＰＨＰについて、ＧＨＱ（進駐軍）に対するカムフラージュ、プロパガンダだという見方もあるが、敗戦後の混乱に直面した松下が心に描く、理想社会への真摯な思いだったといえよう。

とくに、ＧＨＱからの追放指定を受け、解除嘆願に動いてくれた労働組合への熱い想いが「労使の共存共栄」の基本哲学としてＰＨＰを強調したと感じられる。「労使対決」という戦後日本の新しい対立を克服する概念として、「まずは会社の安定と繁栄が大切」というＰＨＰ的志向は定着した。やがて松下幸之助は「経営の神様」といわれるようになり、晩年の松下は「徳行大国日本の使命」を語るようになっていた。また、ものづくり国家日本のシンボルとして、本田宗一郎、ＳＯＮＹの井深大、盛田昭夫などと共に「神格化」される存在となった。現在の日本には、そうした存在の産業人が全くいなくなったことに気づく。

ひたすら「繁栄」を願う「経済主義」が戦後日本の宗教として、都市新中間層に共有されていった。だが、そこには、明治期の日本人が、押し寄せる西洋化と功利主義に対して「武士道」とか「和魂洋才」といって対峙した知的緊張はない。「物量での敗北」と敗戦を総括した日本人は、「敗北を抱きしめて」、アメリカに憧れ、アメリカの背中を「追いつけ、追い越せ」と走ったのである。そこには米国への懐疑は生まれなかった。資本主義と対峙しているかに見えた「社会主義」も、ある意味では形を変えた経済主義であった。階級矛盾の克服にせよ、所有と分配の公正にせよ、経済関係を重視する視点であり、経済主義において同根であった。

心の再生こそが「戦後レジームからの脱却」

日本の勤労者世帯可処分所得がピークを迎えたのが一九九七年であったが、以来二二年も経った二〇一九年においても、勤労者への分配は水面下のままである。帰属する会社の社歌を歌う「会社主義」への思い入れは、江戸期の藩へのご奉公にも通じるものであり、それに応えるように「年功序列・終身雇用」のシステムにおいて、会社は安定した分配を提供できた。そうした右肩上がり時代には違和感なく受容されたＰＨＰの思想も、平成の三〇年間で軋みが生じ始めた。会社は右肩上がり分配を保証できなくなり、ＰＨＰに共鳴していた勤労者の中核たる都市新中間層も高齢化し、定年を迎え会社を去った。「経済さえ安定していれば、宗教など希薄でも生きていける」という時代を生きた都市新中間層があらためて気づいたことは、経済主義だけでは満たされないものの大切さであり、それは老いと病、また人間社会を生きる苦悩・煩悩の制御である。

そして、「宗教なき時代」を生きる日本人の心の空漠を衝くかのように、カルト的新宗教教団の誘惑と、戦前の祭政一致による「国家神道」体制の復活を求める動きが蠢き始めている。

不安と苛立ちの中で、我々は無明の闇に迷い込んではならない。戦後日本の共同幻想というべき「工業生産力モデル」と、それを支える心の所在地としての「ＰＨＰ主義」という枠組は静かに機能不全に陥っている。この先に進む心の再生こそ真の「戦後レジームからの脱却」である。

（２０２０・４）

鈴木大拙が戦後日本人に語りかけたもの

――禅の精神と「世界人としての日本人」――

英語で説く東洋精神の神髄

ある朝食勉強会で、京都大学の上田閑照《しずてる》名誉教授の話を聞く機会を得た。西田幾多郎、鈴木大拙についての話で、「無分別の分別」など、東洋的思考についての造詣溢れる話に深い感動を覚えた。聞き手の多くはビジネスの現場に生きる人間であり、日常における「市場主義」と「スピード経営」の喧騒の中で、「世界」を論理的に自覚することや人間の生き方をじっくりと思索することなどほとんどない者にとって、静かに日本人としての物の見方を再考することは実に刺激的であった。我々は「忙しいから」といって、考えるという人間として最も大切な営為を放棄して生きているのではないのか。

あらためて鈴木大拙を考えてみた。この禅の思想家は西洋と東洋の間に屹立した。彼は生涯の二五年を海外で生活した。夫人は米国人であった。しかも興味が尽きないのは、彼は四〇歳から五一歳まではたんなる「洋行帰りの英語教師」であり、なんと五一歳になって大谷大学の教授となり、初めて本格的な学究生活に入ったことである。結局、大拙は「生を最後まで生き切る」ように九六歳まで生きたが、彼の思想は晩年に至るほど深まり、思想家としての成熟を見せている。大拙の研究者としての生活は五〇歳を過ぎてからの四〇年間に熟成されたのである。

私は世界のさまざまな街を訪ねる際、本屋を漁るのを楽しみとしているが、日本に関する書籍として、鈴木大拙が一九三八年に英文で出版した『禅と日本文化』が至るところに置かれていることに驚かされる。今日に至っても、禅の精神を英語で世界に発信した人物として大拙は卓越しているのである。自分の内側の世界に向かっている禅の僧侶・修行者は多いが、内奥の世界を外国人に説明できる人は滅多にいるものではない。

大拙は、禅の僧侶ではなく、禅の思想家であった。最晩年、米国での講義を終えて帰国した大拙に、弟子の一人が「禅の話などアメリカ人にわかりますか」と尋ねたが、大拙の答えは簡明かつ本質を衝いたものだった。「君にはわかるのかね」

日本人としての世界への発信ということを考える時、不思議と一九〇〇年前後に大きな成果が集中していることに気づく。岡倉天心が『東洋の理想』をロンドンで出版したのが一九〇三年、新渡戸稲造の『武士道』は一八九九年、内村鑑三の『代表的日本人』は一九〇八年(原書のJAPAN AND THE JAPANESEは一八九四年刊)であった。鈴木大拙が欧米人に向けて『禅と日本文化』などを出版するのはずっと後だが、やはり彼も精神的基底は「一九〇〇年の世代」といってよいであろう。明治開国初期に少年・青年として生き、西欧化の激流に直面し、自ら欧米社会に足を踏み入れた知性が、いっせいに「日本とは何か」「日本人とは何か」を語り始めたのが、この時期だったといえる。圧倒的な西欧文明・文化の存在感に対する「衝撃」「反発」「模倣」「追随」を超えて、日本人の中に自尊とアイデンティティを探求する冷静な視点が芽生えてきたのである。

一九〇〇年、世界が二〇世紀に向かおうとしている頃、鈴木大拙は米国のイリノイ州、シカゴ郊外のラサールにいた。三〇歳であった。大拙は一八九七年に渡米、ポール・ケーラスの下で雑誌の編集に携わり、東洋思想書の翻訳を手伝っていた。この一九〇〇年という年に、大拙は『大乗起信論』を英訳している。渡米の経緯について、大拙は「私の履歴書」で次のように述べる。

「わしがアメリカに行くことになったのは、老師〔釈宗演〕の推薦によったので、老師がアメリカで知り合われたポール・ケーラス博士のところへ行ったわけだ。ケーラスは今でもよく売れている『ガスペル・オブ・ブッダ』すなわち『仏陀の福音』という本を書いたが、これは宗演老師などと話をしている間に一つのインスピレーションを得て書いたものだといわれている。その本を老師から送ってもらってわしが訳したことがある。それが縁で、ケーラスが老子の『道徳経』を英訳することになった時、誰かその本を読んでくれる手伝いがいないかということになり、老師からわしに行ったらどうかといわれて行くことになった」

釈宗演は仏教の国際化に大きな足跡を残した人物で、慶應義塾で洋学を学んだ後、セイロン(現・スリランカ)での三年間の仏教修行を経て、明治二五年に三四歳で円覚寺管長となった。新進気鋭の若き師に呼応するように参禅者が続々と集まり、大拙は宗演の居士名簿では二七番目の弟子で、かの夏目漱石は二三三番目となっている。大拙という号も宗演から授与されたものであった。

宗演は、一八九三（明治二六）年八月、シカゴの万国博覧会記念の万国宗教会議に四人の日本仏教代表の団長格で渡米。大拙はこの時の講演原稿を英訳したが、この万国宗教会議への参加こそ、日本仏教が世界に発信する契機であり、大拙の渡米もその文脈の中で実現されたものであった。宗演は一九〇五（明治三八）年、再び招かれて渡米し、北米各地で講演や禅の指導をしたが、この間、大拙は全米各地に随伴して通訳を務めた。

釈宗演によって播かれた大拙という種子は、次第に大きくなっていった。一九〇八年には米国から欧州に赴き、英国、ドイツ、フランスを歴遊、一九〇九年四月、スエズを経て一二年ぶりに帰国する。それからが、学習院の英語の講師として教壇に立つ時代となる。一九一一年には、四一歳で米国の外交官の長女ビアトリス・レーンと結婚。一九二一年、五一歳にして真宗大谷大学の教授となる。その後の四五年間は、あたかも酒が熟成していくかのようにゆっくりと思索を収斂させるとともに、その成果を英文化し、世界に東洋精神の神髄を語りかけ続けた。とくに、戦後の一九四九（昭和二四）年以降は、活動の舞台をほとんど米国に移し、コロンビア大学、イェール大学、ハーバード大学、コーネル大学、プリンストン大学、シカゴ大学、ハワイ大学などで「日本文化と仏教」を講じている。それは、一九六四年の九四歳での最後の渡米まで続いた。

鈴木大拙は一八七〇（明治三）年町医者鈴木良準の四男として金沢に生まれている。六歳にして父を失い、二〇歳にして母を失う。一八歳で第四高等中学校に入学するが中退、一九歳で石川県飯田町の小学校高等科英語教師となった。

この第四高等中学校の同級生として、生涯の友となるのが西田幾多郎である。「清交」という言葉があるそうだが、西田と大拙の付き合いは正に相互の理解と畏敬に満ちた清交であった。

「君の云ふ所、行ふ所、之を肯ふと否とに関せず、いづれも一種の風格を帯びざるものはない」（『文化と宗教』の序文）というのが、西田の大拙への変わらぬ気持であった。大拙は二一歳で上京、東京専門学校（現・早稲田大学）の後、東京帝国大学文科大学哲学科選科に学ぶ。そして、二七歳からの渡米となるのである。西田幾多郎からは西洋思想を超越・昇華した「日本で初めての哲学者」が生まれ、鈴木大拙からは「日本で初めての禅思想家」が生まれたという表現があるが、この二人の親交は日本近代思想史に大きな意味を持つ因縁であった。

大拙の思想の本質とは何か

鈴木大拙の思想体系を簡単に言及することはできない。とりわけ、仏教経典の専門的解説は俗人がなかなか理解できるものではない。しかし、九〇歳前後に書かれた思想的エッセーを収録した『東洋的な見方』は、円熟した思考の神髄を凝縮して語りかけており、誰にも入りやすくわかりやすい。

大拙が語りかけるものとして、何よりも心に訴えるのは、西洋的見方に対する東洋的見方の対であろう。大拙は、西洋思想や文化の特性を示す言葉として、"divide and rule"（「分けて制する」）を提示し、「相手になるものの勢力を分割して、その間に闘争を起こさしめ、それで弱まるところを打って、屈服させる」「分割は知性の性格である。まず主と客とをわける。われと人、自分と世界、心と物、天と地、陰と陽、など、すべて分けることが知性である。主客の分別をつけないと、知識が成立せぬ。知るものと知られるもの——この二元性からわれらの知識が出てきて、それから次へ次へと発展してゆく。哲学も科学も、なにもかも、これから出る。個の世界、多の世界を見てゆくのが、西洋思想の特徴である」と述べる。

この西洋思想の長所と短所を静かにみつめて、東洋思想の意味を提示したのが大拙なのである。西洋思想の長所は「個々特殊の具体的事物を一般化し、概念化し、抽象化する」ことにあるとし、これを利して工業化・産業化が進展したとする。

しかし、西洋思想には短所もあることを大拙は見逃さない。普遍化・標準化は「個々の特性を滅却し、創造欲を統制する」ことに陥り、「創作力の発揮になるものが、きわめて小範囲を出ない」傾向となる。これに対し、東洋思想は「分割的知性」に立脚した論理万能主義ではなく、人間世界総体のあるがままの状態を生きる「主客未分化」の全体知を大切にする。ここに「分別して分別せぬ」姿勢、「無分別の分別」が生まれる。

「無分別の分別」とは、「我」を意識して「利害」を認識するあまり「対立」に身を置く西洋流の対置概念を超えて、より大きな視界からの霊性的思索によって「哲理」を導きだし、のびやかに円融自在を生きることである。

論理万能の西洋的思考パターンに浸り切った現代日本人からすれば、この部分がわかりにくく、詭弁にさえ思えるのだが、私自身、海外生活が長くなるにつれて、少しずつだが、大拙のいう「東洋的な見方」の特質がわかるようになってきた。対置概念・対抗の世界から距離をとり、眼光紙背に徹するごとく物事の本質を見抜くこと、そして対立と緊張を超えた許容と閑雅のしなやかな生き方を構築していくこと、この視座が重要に思えてならない。

「世界人としての日本人」を

もう一点、大拙の思想が注目されるべきは、日本人に対し「世界人としての日本人」の自覚を強く促したことである。

彼は「ひとりよがりではいけない」ことを絶えず強調し、世界性・普遍性をもった日本人たることを志向した。いたずらに感傷的、精神主義的になることを戒め、西洋の合理性を謙虚に学ぶことを説いている。ここがとても重要であり、たとえば敗戦直後の一九四五年一二月に大拙が書いた「物の見方――東洋と西洋」において、大拙にしては珍しく政治的テーマたる「無条件降伏となった大東亜戦争」について言及し、興味深い議論をしている。

大拙は、「敗戦」を「終戦」と言い換える日本人の欺晒を指摘し、日本は終戦ではなく無条件降伏したことを直視すべきとする。そして、降伏は恥辱でも不名誉でもなく、力もないのに抗戦を続けることこそ非合理であるという。「一億玉砕」とか「臣道実践」などといって合理的理知を失ってきた日本人の傾向を省察し、合理主義・人格的倫理観・自主的思索力・獅子王《ししおう》的独立独行性の大切さを主張するのである。「日本人の考え方が全体に感傷性……に基づいて居るところへ、独逸のマハト・ポリティク〔権力政治〕思想を導入したものであるから、吾等はわけもなく指導者の頤使のままになった。それに国学者の神道観が油を注いだものであるから、日本人の理智は全く台なしになった。その結果として吾等は今日の局面にぶっつかって居る」。これが、大拙の太平洋戦争の総括であった。

大拙の「世界禅」は今日も新鮮さを失ってはいない。一方で、東洋的な見方の価値を臆することなく主張し、他方で、偏狭な自己主張を超えた客観性を求める大拙の視座こそ、今日我々に最も求められるものではないのか。「グローバリズム」という名の下に進行する情報技術革新で武装したアメリカ化の潮流に対し、被害者意識からの安手のナショナリズムに陥ることなく、世界に説得力のある「日本らしさ」「東洋らしさ」を模索する時、大拙の思索の足跡は示唆的である。「自らを失ってはいけない」そして同時に「ひとりよがりではいけない」という大拙の声は、西洋との知的緊張の中を生き続けた鈴木大拙という人物の、今を生きる我々へのメッセージなのである。

「抹香臭い」という言葉があり、普通の日本人の生活から仏教はますます距離を感じさせるものとなりつつある。「葬式仏教」と「観光仏教」だけがいびつに突出し、日本人の心の基軸としての仏教は悲しいまでに影を薄くしている。大拙が訴えた仏教は決して高踏で抹香臭いものではなく、現世を生きる人間の平常の行住坐臥《ぎょうじゅうざが》を貫く姿勢なのである。

大拙を支えた経済人たち

鈴木大拙を調べていて、あることに気づいた。それは、大拙の活動をさまざまな事業家、経済人が真剣に支えたということである。そもそも、大拙が初めて東京に出て、東京専門学校の専科の学生だった一八九一(明治二四)年、最初に鎌倉円覚寺での座禅の機会を紹介してくれたのが後に三井銀行の専務理事(一九〇一年就任)となった郷土の先輩早川千吉郎《せんきちろう》であった。

早川は井上馨の子分筆頭で、二九歳の若さで三井銀行専務理事に就任するほどの優秀な人材であったが、福徳円満な大人物として多くの人を魅きつけ、「三井として出せない金は、自分の身銭を切ってまでも三井家の体面を保った」といわれる。満鉄総裁にまで上り詰めながら、死んだ時には借金があったという話さえ残っている。

また、英文の『禅と日本文化』を含め、大拙の初期の著作は、安宅産業の創始者、安宅弥吉《あたかやきち》が世話をして出版できたものだという。安宅弥吉は一九〇四(明治三七)年に大阪に安宅商会を設立、大阪商工会議所会頭にまでなった立志伝中の人で、甲南高等学校、甲南高等女学校の設立に参画するなどの活動にも熱心だった。大拙のよき理解者・支援者であり続け、晩年の大拙が、「外国からきた人に禅を正しく理解してもらう機関」として構想した北鎌倉の東慶寺隣接の松ヶ岡文庫も最初の設立資金は安宅が提供した。松ヶ岡文庫の入口に建つ頌徳碑には大拙が安宅について書いた次のような文がある。「財団法人松ヶ岡文庫設立の基礎はまったく君の援助によるものである。また個人的なことだが、自分が研究生活に専念し得たのも君の好意によるところ大であった。欧米国民が禅思想および東洋的物の見方を理解するために自分の英文の著作がいくらかなりとも役立つものがあったとすれば、それはひとえに君の精神的物質的支援のたまものである」

安宅産業は不幸にして行き詰まり、一九七七年に伊藤忠商事に吸収された。しかし、途方もなく大きなものを支援し残したといえる。東慶寺の鈴木大拙夫妻の墓の隣に、肩を並べるように安宅弥吉の墓があることを知る人は少ない。松ヶ岡文庫の拡張を含め、最晩年の大拙の活動については、出光興産の出光佐三や日本工業倶楽部を窓口とする多くの財界人が支援した。

今日、「フィランソロピー」とか「メセナ」ということがいわれ、企業の社会貢献が語られるが、何をどう支援するかの眼力と見識において、昔の経済人が持っていたものに驚かざるをえない。「金を出せばいい」などという単純な話ではない。自分自身が心の内奥に向かう姿勢を大切にし、深く人生のありかたを考えていたということである。ところで、岩波文庫版の『新編 東洋的な見方』(一九九七年)の解説において、編者の上田閑照名誉教授が興味深いエピソードを紹介している。一九六六年、突然の腸捻転腸閉塞のため、大拙は九六歳の生涯を閉じるが、最期の床に居合わせたアメリカ生まれでアメリカ育ちの秘書岡村美穂子が、臨終間近に“Would you like something?”と尋ねると、大拙は“No, Nothing, Thank You”と応えたという。上田名誉教授は、この言葉を「端的に言えば「無」となって、そしてその「無」が感謝しつつ、芳しい風のように消えていった」と表現している。実に、大拙らしい最期であった。

「禅」などというと、神秘主義的・精神主義的なものと誤認する人も少なくないが、その対極にいたのが大拙だった。最晩年のある日、心霊学の大家といわれる人が大拙を訪ね、死後の世界について色々話していたが、大拙が関心を示さないので「鈴木先生は死んでからどうなるのか知りたいと思われたことはございませんか」と尋ねた。大拙は独り言のように「それより、今ここにいることはどういうことかいな。死んでからでは遅くないか」と答えたという。

（「禅の精神を世界に発信した、鈴木大拙という存在」『歴史を深く吸い込み、未来を想う――一九〇〇年への旅　アメリカの世紀、アジアの自尊』〔新潮社、二〇〇二年、所収〕を改題し修正を加えた）

司馬遼太郎を必要とした戦後日本

「歴史とは現在と過去との対話である。現在に生きる私たちは、過去を主体的にとらえることなしに未来への展望をたてることはできない」。E・H・カーの『歴史とは何か』(岩波新書、一九六二年)における言葉である。

天皇を元首とする軍国主義国家からいきなり民主主義国家に変身した戦後日本にとって、明治維新から敗戦までの七七年間をどう評価して戦後史に繋げるかは苦渋のテーマであった。戦後民主教育を受けてきた世代はほとんど教壇から近代史を教えられないまま社会人として生きてきた。

その戦後日本人にとって、近代史を誇りをもって振り返らせたのが司馬遼太郎であった。復興・成長を求めてひたすら「経済主義」を生きた日本人にとって、『坂の上の雲』に象徴される「栄光の明治」論は心に光を灯すものであった。歴史のつながりが見えてきたのである。私自身、海外を動きながら、司馬作品を読み、歴史認識の基底に彼の視界を共有していった時代があった。

司馬遼太郎の役割——日本近代史への光の照射

二二歳の司馬遼太郎は栃木県佐野で戦車隊の下士官として敗戦を迎えた。「学徒出陣」で学窓から徴兵され、満州・牡丹江の戦車第一連隊で小隊長を務めた後、本土決戦を想定して帰国、栃木県に配置された。つまり、帝国陸軍の最終局面を現場で体験した司馬は敗戦を迎えた心理を次のように語っており、ここに作家司馬遼太郎の原点がある。「二千年もつづいた国家が崩壊してゆくというような大げさな悲愴感がどうしても胸のうちにおこらず、ともかくも戦車というこの絶体絶命の密室から解放されたという気落ちのようなもののほうがつよかった」(「石鳥居の垢」)。解放感の中で敗戦を受け止め、軍隊生活をクールに見つめ、「何故、こんな愚かな戦争をしたのか」という思いが、司馬を突き上げていた。『「昭和」という国家』(NHK出版、一九九八年)において、司馬は「日本という国の森に、大正末年、昭和元年ぐらいから敗戦まで、魔法使いが杖をポンとたたいたのではないでしょうか。その森全体を魔法の森にしてしまった」と述べ、明治憲法自体は悪くなかったが、「解釈の仕方によって運用を誤り、「統帥権」というおばけが出てしまいました」という認識を示す。

「「統帥権」というおばけ」、つまり「現人神たる天皇直轄の軍隊」という建前が、軍部(統帥機関としての陸軍の参謀本部、海軍の軍令部)は国家機関(政府や議会)を超越した存在であるという錯誤を招き、昭和の戦争の悲劇をもたらしたということだが、何故そうなったのかについて、司馬は踏み込まない。天皇親政の神道国家をあるべき国体とする明治維新に埋め込まれた「密教」が、「天皇機関説」の圧殺や二・二六事件となって噴出し、国家総動員、大政翼賛会となって戦争に突き進んだ構造、つまり「おばけ」を産み出してしまう構造については、司馬は触れなかった。あれだけ日本近代史を掘り下げた司馬だが、国家神道によって神格化された天皇制の危うさについてはあまり語っていない。

軍部による昭和の歪曲という視界の先に「明治日本の再評価」という司馬史観が見えてくる。日露戦争の日本海海戦勝利をもたらした参謀・秋山真之を描いた『坂の上の雲』を書いたのが一九六八〜七二年、吉田松陰と高杉晋作を主人公にした『世に棲む日日』を書いたのは一九六九〜七〇年で、団塊の世代といわれる私の大学生時代であった。「七〇年安保」や「ベトナム戦争」をめぐり、全共闘運動が吹き荒れ、キャンパスは左翼全盛時代であった。そうした「戦後最後の政治の季節」という時代環境の中で、司馬遼太郎は「明治」という時代を描き続けていた。「経済の時代」を生き始めた日本人にとって、日本近代史を再考し、自尊心を取り戻す上で、「栄光の明治」と「悲惨な昭和」を語る司馬遼太郎が必要であった。

敗戦後の日本が復興を経て、鉄鋼・電機・自動車などの産業力をもって高度成長を本格化させる一九七〇年代以降の昭和を生きた日本人の多くは、司馬作品を通じて近代史に接近したといっても過言ではない。司馬作品によって、明治という時代が輝いて見えたといえる。国家と帰属組織と個人の目標が一直線につながり、その中で必死に生きた青年たちが躍動していた時代がうらやましく見えた。

私自身、ビジネスの現場で世界を動きながら、司馬作品に触発されて秋山真之を追体験し、日本近代史への理解を深めたといえる。一九九一年から六年間を過ごしたワシントンDCでは、オフィスの眼の前に大統領府のビルがあり、かつて海軍省が入っていたそのビルの三階にあった海軍文庫に駐在武官時代の若き秋山真之が通いつめ、A・T・マハンの『海上権力史論』などを驚くべき集中力で読破し、「自分が一日休めば、日本が一日遅れる」と書き残していたことに心熱くなったものである。また、パリではエッフェル塔を見上げながら、日露戦争の四年前、一九〇〇年の万国博を訪れた秋山真之(当時ロンドン駐在)に思いを馳せたこともある。

ところで、宗教について、司馬遼太郎は興味深いことを語っている。「宗教は一枚の地図でありま す。小説は、地図もなくさまよっている人間が書くものであり、……私は自分の営業上、あやうく悟りかけては、悟らないようにしているのです」(『司馬遼太郎全講演1』朝日新聞社、二〇〇〇年)——確かに、司馬の仏教に関する造詣は深い。敗戦後、復員した司馬は京都で産経新聞の文化部記者として働き、東西本願寺などとの縁を深める。戦争直後の価値混乱期の青年として、流行の社会主義にも触れたが腑に落ちず、仏教思想に魅かれていく。とくに、国家鎮護の仏教から民衆の仏教へと仏教思想の転換をもたらした法然や親鸞に心を寄せ、明治期の仏教思想家・清沢満之の思想と生き方に共鳴している。

不思議なことに、司馬は神道についてはは深追いしなかった。わずかに、「古神道というのは、真水のようにすっきりとして平明である。教養などはなく、ただその一角を清らかにしておけば、すでにそこに神が在《おわ》す」(『この国のかたち5』文藝春秋社、一九九六年)と語るが、アマテラスに遡る記紀神話と結びつけて天皇を神聖視し、国体の基軸とする「政治化された神道」には冷淡だった。戦後左派の歴史観が、明治期を「絶対天皇制」下の専制と見るのに対して、司馬は「明治から終戦までの天皇制というのは朱子学の影響を受けたフィクション」と捉え、徳川期の将軍の代わりの権威として明治天皇制を据えるという醒めた見方をしている。

それは、司馬の作品は一貫して「歴史家」によるイデオロギー(思想、宗教を含む)の枠組を拒否し、時代を生身の人間として生きた個人の生き方に照準を合わせた作品を積み上げていくことと相関しているのだと思う。

三島由紀夫と司馬遼太郎——同世代人として

司馬遼太郎は一九二三年八月七日生まれ、三島由紀夫は一九二五年一月一四日生まれで、司馬の方が一歳五カ月年長であるがほぼ同世代であった。ただ、この年齢差は微妙で、司馬は学徒出陣で徴兵され、戦争を現場体験しているのに対し、三島は徴兵検査で甲種合格となるが肺結核で兵役免除となり、軍隊経験はない。それが潜在意識に埋め込まれ、後に私兵組織「楯の会」を造って自決していく伏線となる。

一九七〇年一一月に、三島が市ヶ谷の陸上自衛隊駐屯地で自刃した直後、司馬は毎日新聞大阪版に「異常な三島事件に接して——文学論的なその死」を寄稿し、三島の死が「政治論的死」ではなく、思想もしくは美を追求する「文学論的死」であると言い切る。そして、「思想もしくは美は本来密室の中のものであり、他人が踏みこむことのできないものであり、その純度を高めようとすればなおさらのことであるが、三島氏はここ数年、美という天上のものと政治という地上のものとを一つのものにする衝動を間断なくつづけていた」と書く。思想と距離をとる司馬の知の基軸を語るものといえる。

『三島由紀夫少年詩』(小川和佑、潮出版、一九七三年)という作品がある。一二歳から一八歳までの三島由紀夫の六〇篇あまりの詩を解析するもので、驚かされるのは、その早熟で輝くような「浪漫派的な抒情」もさることながら、学習院の高校生だった三島は「戦争の時代」に生きながら、軍国少年的な時代への関心は一切見せず、ひたすら「心の中の己の美学」に耽溺していることである。

三島事件の直後、一九七一年一月一・八日号の朝日ジャーナル誌で、司馬遼太郎は戦後リベラル思想の旗頭たる鶴見俊輔と対談している。「日本人の狂と死」というタイトルの対談で、司馬は思想に陶酔する「狂気」というものを尊敬できなくなった原点について、踏み込んだ話をしている。終戦の直前、東京湾に米軍が上陸してきた場合、南下して迎え撃つ想定で、栃木県佐野に配置された戦車隊に所属していた司馬は、東京方面からの避難民をどう交通整理するのかを連隊に来た大本営参謀に質問したという。答えは「ひき殺していけ」であった。「思想の悪魔性」に司馬が気づいた瞬間だった。

松下幸之助という表裏一体の存在

司馬遼太郎は一度だけ松下幸之助とも対談している。一九七六年八月号の中央公論で「現代資本主義を掘り崩す土地問題」という対談であった。政策論に発言することは少なかった司馬だが、「土地バブル」に向かう日本の資本主義の歪みに対しては「土地公有制」を主張していた。戦後産業資本主義の主役の一人であった松下幸之助は、自信に満ちた発言をしており、「(日本には)国運というものはまだまだある。……日本という国は当分の間、何世紀かの間は発展の一途をたどるだろう、事あるごとに発展するだろう。そういう国やな、そういう国民やな」と語る。産業資本主義の隆盛と「ＰＨＰ」(繁栄を通じた平和と幸福)に強い自負を抱いていた。戦後日本人の宗教ともいえるＰＨＰ思想に共鳴するサラリーマン層にとって、日本近代史を振り返る基点としての司馬遼太郎は重い存在であり、ある意味で松下幸之助と司馬遼太郎は戦後なる時代を象徴する表裏一体の存在だったのである。

(２０２０・８)

国家神道への視界
――萌芽と展開、そして残影――

明治維新から一九四五年の敗戦まで、約八〇年間にわたる近代日本の基底を形成した「国家神道」とは何だったのか。戦後なる時代もすでに約八〇年が過ぎ、多くの日本人にとって実感のないものとなったが、日本を特別な「神の国」という思い入れに駆り立て、アジア全域で約二三〇〇万人（日本人の死者約三一〇万人）の屍を積み上げる悲惨な戦争へと突き進んだその狂気の源泉を認識するために、「戦前」という時代に日本人が受けていた教育の内容を示す教科書を手にすることを薦めたい。そして、おおらかな清浄さを希求する「神社神道」と、政治権力と結びついた一神教的「国家神道」の違いを認識しなければならない。何故なら、再び始まった憲法改正の動きと関連し、令和日本のテーマに「国家神道への郷愁と復権という難題」が浮上しているからである。

国家神道の教本としての『高等科國史』

文部省編纂の昭和一九（一九四四）年版『高等科國史』（復刻版、ハート出版、二〇二一年）は、日本が

「神国」としてアジア太平洋戦争を戦っていた時代の産物である。正確には、この教科書は国民学校高等科において使われる予定になっていたもので、当時の日本国が国民に共有させたい価値観を凝縮しており、あの時代の日本人はこの歴史認識を強制的に受容させられていたといえる。

この歴史教科書は、まず「神勅《しんちょく》」から始まり、「豊葦原《とよあしはら》の千五百秋《ちいほあき》の瑞穂《みずほ》の国《くに》は、是《こ》れ吾《あ》が子孫《うみのこ》の王《きみ》たるべき地《くに》なり。宜《よろ》しく爾皇孫《いましすめみま》就《ゆ》きて治《しら》せ。さきくませ。宝祚《あまつひつぎ》の隆《さか》えまさんこと、当《まさ》に天壌《あめつち》と窮《きわま》りなかるべし」とある。第一章は「肇国《ちょうこく》」で、神代の古に思いを馳せ、天壌無窮《てんじょうむきゅう》、「天《あめ》の下《した》しろしめす神」として生まれた「天照大神」がその子孫としての皇孫をこの国に降臨させたという話に始まる。そして、第二章「皇威の伸張」、第三章「大化の改新」と続き、第一七章における「大東亜戦争の使命」まで、この教科書は最初から最後まで日本国について、天照大神という太陽神の子孫としての「万世一系の天皇」を戴く国という思想が徹底的に貫かれ、「皇威の伸張―建武の中興―尊皇思想・朝威の更張としての明治維新の大業」という歴史観が語られているのである。

人間とは自らの存在を問い詰める特異な動物であり、その意味でいかなる国の、いかなる民族も自らのルーツを探る中で、民族の神話と権威付けを求める。それ自体は自然なことである。ただし、それが自尊を突き抜けて、排他的な選民意識に反転する時に害毒が生じるのである。

注視すべきは、この『高等科國史』に繰り返し登場してくる「外来思想排除」の論理である。たとえば、仏教について「仏教は外来の教えであるから、その利害は、これを受け入れる国民の態度によって定まることであり、蘇我氏の如きは、ただ徒らに信じて、道を踏み誤ったのである」という認識が示される。そして、「ふみわけよ　日本《やまと》にはあらぬ　唐鳥《からとり》の　跡を見るのみ　人の道かは」という江戸期国学の柱の一人である荷田春満《かだのあずままろ》の歌が登場してくる。

この『高等科國史』の復刻版の解説者である三浦小太郎は、「「外来思想」を無原則に受け入れることが、わが国の「神国」たる伝統、言葉を変えれば「国体」や「国家的アイデンティティ」を失わせるという批判は、本書において、特に明治維新後の近代化に対する批判としても行われている」と指摘するが、この教本が「外来排除」という時、まず日本の文化・文明に長く大きな影響を与えてきた中国への拒絶感が、次いで明治以降の欧米からの近代化圧力への拒否反応が二層構造になって表出していることに気づく。

敗戦後の日本は、この国家神道が国体を支えるという共同幻想の唐突な強制終了によって始まった。一九四五年一二月一五日、GHQは「神道指令」を発し、「国家神道、神社神道に対する政府の保証、支援、保全、監督並に弘布の廃止」を指示した。翌四六年一月一日、天皇の「人間宣言」がなされた。この国体をめぐる共同幻想崩壊のトラウマは、曲折を経て、今日でも未消化のまま漂っている。

この国においては、対外緊張や国難が意識されると「やまとごころ」への回帰が浮上し、本能的に「民族の古層」と関わる神社信仰(第一層)への郷愁が高まり、それが「神国思想」と絡まって第二層の神祇神道(「現人神」たる天皇を中核とする国体を至上とする心性)への傾斜をもたらす。本書でも論じてきたごとく、中世における神道の成立は、その後の江戸期・幕末に向けての歴史過程で、

「天皇親政の神道国家の成立」を願望する埋め絵となったといえる。

江戸期国学から国家神道への道

「神国日本」を掲げた軍国日本で、「やまとごころ」のシンボルのごとく奉られたのが本居宣長であった。本居宣長については、本書Ⅵ「本居宣長とやまとごころ」において論じた。三重県松阪市にも足を運び、宣長が三十数年にわたり『古事記伝』に立ち向かった書斎・鈴屋に座り、彼の真摯な学びの姿勢に心打たれた思い出がある。

幕府の正学が儒学であり、寺檀制度の定着によって村落共同体秩序の中核に仏教が存在していた時代に、そして日本人の精神世界が六世紀以来の仏教の浸透を経て「仏教優位の神仏習合」状況にあった時代において、伊勢の地に医者として生きた本居宣長は、静寂な鈴屋に腰を据えて日本人の心の古層を探究した。宣長の本質は民族の古層に耳を澄ますことであり、決して排外主義ではなかったが、その内なる深化の眼線は歴史を動かす源流となっていった。

宣長の人生における転機は「松坂の一夜」といわれる三三歳の時の賀茂真淵との出会いであった。この時の真淵との一期一会の邂逅が、万葉集から古事記研究へと古代研究の志を受け継ぎ、国学を大成させることとなった。田中康二の『真淵と宣長――「松坂の一夜」の史実と真実』(中公叢書、二〇一七年)は、戦前の日本において国民常識の美談とされるに至った「松坂の一夜」を多角的に検証し、江戸期国学の思想潮流を解析している。

江戸期、「国学四大人」といわれる存在が動き始めた。荷田春満(一六六九～一七三六年)、賀茂真淵(一六九七～一七六九年)、本居宣長(一七三〇～一八〇一年)、平田篤胤(一七七六～一八四三年)であり、日本の上代・中古の思想・文化を明らかにし日本人の精神文化の起点を取り戻そうという国学と、それを基盤とする「復古神道」の推進役となった。この思想探求の流れこそ、神仏儒の習合的思考を排除する動きとなって、幕末期の政治力学の中で、「尊王攘夷」「天皇親政の国体」への志向をもたらし、討幕の思想へと収斂していく。

江戸期における「鎖国」は、大航海時代の「西力東漸」の潮流に乗って迫りくる西欧社会との断絶というだけではなく、深い影響を受け続けてきた中国からの自立の契機となった。流通貨幣において「寛永通宝」が出されたのが一六三六年、古銭禁止令によって中国貨幣の流通を禁じたのが一六七〇年であり、暦において中国の宣明暦に代わり大和暦が採用されたのが一六八五年であり、まさに中国文化圏からの自立であった。

中国が明朝から清朝という異民族支配への転換期だったこともあり、中国の影響に遠心力が働く状況を背景に、日本人は足元をみつめ、内なる価値を意識し始めたといえる。それが「からごころからやまとごころへ」という視界への背景となり、「もののあわれ」を日本人の古層に見出す国学の誕生の伏線となったのである。

令和の隠されたテーマとしての国家神道の復権

国家神道の教本ともいえる先述の『高等科國史』は、明治期日本の教育の基軸となっていた教育勅語を投影したものである。教育勅語は一八九〇年に発布された。自由民権運動の高まりや文部省の「欧化政策」に反発を抱く「国体護持勢力」が、天皇の有徳と臣民の忠誠を国体の精華とする、全文三一五文字の勅語の発布を推進した。

戦後、「神道指令」による国家神道の解体と天皇の人間宣言を受けて、一九四六年一〇月には教育勅語の奉読と天皇の神格化が禁止され、四七年五月施行の日本国憲法における「象徴天皇制」の導入を経て、一九四八年六月一九日に衆議院は「教育勅語等排除に関する決議」を行い、参議院は「教育勅語等の失効確認に関する決議」を行った。

それから約七〇年、忘れられていた教育勅語が突然蘇った。二〇一七年三月、安倍政権下での「閣議決定」という形で、「憲法や教育基本法等に反しないような形で教育勅語を教材として用いることまでは否定されることではない」という決定がなされたのである。教育勅語における「父母に孝に、兄弟に友に、夫婦相和し、朋友相信じ、恭倹《きょうけん》己れを持し、博愛衆に及ぼし……」といった徳目は時代を超えた普遍的価値とする判断だが、教育勅語の本質が国家神道を支柱とする「主権在君」にあり、「一旦緩急あれば義勇公に奉じ、以て天壌無窮の皇運を扶翼《ふよく》すべし」というものであることを見失ってはならない。今日でも、教育勅語に象徴される国家神道の復権を希求する存在が根強く存在するのである。

佐藤弘夫『「神国」日本――記紀から中世、そしてナショナリズムへ』(講談社学術文庫版、二〇一八年）は、「神国日本」という認識の系譜を精緻に辿るもので、中世から近世に至る「神国日本」という概念が、決して日本の優越性に陶酔するものでも排他的な性格のものでもなく、おおらかな仏・神・儒の習合のなかで形成されたものであることが理解できる。佐藤は、「超越的な存在にやわらかく包み込まれているという感覚」という意味で「コスモロジー」という概念を提示するが、明治以降の近代化に付随したのが「排他的ナショナリズム」という捉え方は重要である。

つまり、日本近代史において、敗戦までの八〇年は極端に宗教と政治が結びついた国家神道という特異な時代であり、一方、敗戦後の八〇年は極端に宗教性が希薄な経済の時代であり、この対照に幻惑されない冷静な視座がこれからの日本人に問われているのである。

（２０２１・７）

戦後日本人としての宗教再考
――問われる新たなレジリエンス――

宗教無き時代としての戦後日本

間もなく「戦後日本」も八〇年を迎える。その時代状況において、何故「宗教性」がかくも希薄になったかを再整理してみると、三つの要因が重層的に相関したといえる。第一に、宗教と政治権力が一体となった戦前という時代への反動によって生じた「空漠」という要素が考えられる。明治維新から敗戦までの八〇年間、日本は、天皇を神とし、天皇親政の神道国家を形成しようとする意図(尊王攘夷)を以て江戸幕府を倒し、その上に欧米列強と互すための「明治近代化」(憲法、内閣制度、議会制度)を重ねるという二重構造の時代を築いた。それが、昭和期に入り、帝国主義列強間の軋轢で孤立すると、埋め込まれていた「神国日本」という共同幻想が再燃し、世界秩序の変更を夢想した戦争へと邁進した。すでに論じてきたごとく、戦後のマッカーサー改革によって国家神道が解体され、日本国憲法における象徴天皇制に移行した日本において、存続の危機感を抱く神道関係者や国家神道に郷愁を抱く人達が「神社本庁」体制での神道の存続を図ったが、多くの日本人は国家神道の呪縛から解放され、地元の氏神様信仰など八百万の神を敬う本来の神社神道に回帰していった。

「起て一系の大君を、光と永久《とわ》に戴きて、臣民我ら皆共に、御稜威《みいつ》に副《そ》はん大使命、往け八紘を宇《いえ》となし、四海の人を導きて、正しき平和打ち建てん、……進まん道は一つのみ」（内閣情報部が公募した「愛国行進曲」一九三七年）という歌にかき立てられ戦争の道に突き進んだ興奮が、憑き物が落ちたように冷却し、茫然自失の中で立ち尽くした。敗戦直後の日本人が残した日記や文献を読むと、喪失感と解放感が入り混じった空気を感じる。「神国日本」への「滅私奉公」的呪縛から解き放たれた日本人は、「全体」（公）が押し付ける価値に疑い深くなった。大鳥居（国家神道）と菊（天皇の名の下の強制）と刀（軍部の専横）がもたらした悲劇が、何も信じ難い心理をもたらしたといえる。そうした心理がまず向かったのは「食べること」、つまり経済であった。

戦後日本人の宗教性を希薄にした第二の要因は、経済主義への傾斜であった。敗戦直後の日本人の心に去来したことを考える時、思い出す短歌がある。一九四五年の敗戦の日、河上肇は次のように詠んだ。「大きなる　饅頭蒸して　ほゝばりて　茶をのむ時も　やがて来るらん」――多くの日本人にとって「食べる」ことが最優先であった。そして、進駐軍のジープが子どもたちに撒くガムやチヨコレートにアメリカの豊かさを感じ、敗戦を「物量の敗北」と受け止めた。「大和魂」は一歩も引けをとらなかったが、米国の物量にねじ伏せられたのだと思いたかったのである。

敗戦直後の日本の新聞報道を確認すると、「配給」「闇市」「買い出し」「援助物資」「戦争孤児」

などの言葉がこの時代の切迫感を伝える。食べることもままならぬ状況の中で、敗戦後の日本の進路に関し、農業を基軸にする農本主義的再建を主張する議論もあったが、その方向に日本は向かわなかった。産業力で外貨を稼ぎ、豊かな国を目指すという工業生産力モデルを追求する方向へと向かい、大都市圏に産業と人口を集積させる進路をとった。その産業資本主義を支える思想の典型が松下幸之助のＰＨＰ（繁栄を通じた平和と幸福）であったことはすでに触れた。「まずは経済的繁栄」という価値観は、都市新中間層の共感を呼び、松下幸之助は松下電器の「明るいナショナル」のＣＭソングと共に「経営の神様」となった。

松下幸之助と司馬遼太郎——戦後日本の「宗教」ともいえる存在

松下幸之助と司馬遼太郎は、戦後日本人にとって、魂の拠りどころという意味で「宗教」だったともいえる。戦後日本と明治期日本との繋がりを曖昧なままに生きた都市新中間層にとって、明治は「坂の上の雲」を目指した栄光の時代で、昭和軍閥が日本を破綻させたという司馬史観は、日本人の心に「誇り」を取り戻させる上で説得力があった。経済主義をひた走り、私生活主義を謳歌する戦後日本で、宗教は、自分の幸運だけを祈る「お守り宗教」「グッドラック宗教」となり、教会は一生一度の結婚式場と化し、寺院は「葬式仏教」「観光仏教」の場となっていった。そして、今や大都市圏が吸収した都市新中間層も第三世代となり、盆暮に帰る故郷もなく、田舎では人口減の中で「寺じまい、墓じまい」が進行する時代となった。

戦後日本の宗教性を希薄にした第三の要因として「社会主義の幻想」がもたらした影響に気づかざるをえない。「資本主義対社会主義」という東西冷戦の代理戦争的状況が一九八〇年代末まで続き、とくに七〇年安保・全共闘運動の頃まで、多くの若者や労働者は「資本主義の階級矛盾を克服した社会主義」に共鳴し、「宗教よりも万国の労働者の団結」に心を寄せていた。

私自身は「団塊の世代」として、七〇年安保、全共闘運動の季節に大学のキャンパスにいた人間だが、あの頃の早稲田は左翼運動の溜り場で、あらゆるセクトが蠢いていた。「丸山眞男とマルクスの結婚」という表現があったが、丸山眞男の市民主義とマルクス由来の社会主義への半知半解の共鳴の空気が覆い、私は「一般学生」という立ち位置で、学部の学生大会で「学園封鎖」をめぐって全共闘運動と正面から向き合ったが、当時のキャンパスでは「右翼秩序派」とされてしまう状況であった。私が大学院を出て、日本経済の縮図とも思えた総合商社・三井物産に就職を決めた時、「お前は醜悪な資本主義の走狗となるのか」といって涙ぐんだ友人もいた。その友人も、銀行からリストラされた後、金融関連の企業を転戦して引退、粛然としていたのだが、今やコロナ・ワクチンを一刻も早く打てるようにと画策・奮闘している。

資本主義体制の先に社会主義社会を見る革命幻想は、一九七〇年前後から「プラハの春」などソ連東欧の現実により色褪せていたが、東側の内部崩壊によって冷戦の終焉を迎え、ぼんやりと社会主義に共鳴していた人たちの価値基準は揺らいだ。「宗教よりもイデオロギー」を奉じた戦後日本人は、宗教を正視する回路もなく、目指すべき針路もないままグローバル化の潮流に飲み込まれていった。

令和という時代を生きる日本人の心の耐久力

今を生きる日本人の心の所在地については、本章で「戦後日本――希薄な宗教性がもたらすもの」において、現代日本の宗教人口と宗教意識、世代交代がもたらす宗教意識の変化などを社会学的に解析し論じた。考えてみると最初にその論稿を書いたのは二〇二〇年二月で、まだ新型コロナの問題は視界になかった。それからの「コロナの五〇〇日」は日本人の精神性にとって新たな衝撃だった。レジリエンス、心の耐久力という問題が浮上してきた。生命の危機という事態に直面した時、人間の心は不安と恐怖に揺らぐ。それを冷静に制御する心の耐久力・回復力がレジリエンスなのだが、その虚弱性が一気に浮上してきたのである。

二〇二〇年の日本人の死因において、コロナによる死者は三四六六人で、実は二〇一九年のインフルエンザでの死者三五七五人を下回っていた。だが、二〇二一年に入り、半年で一万人以上がコロナで死に、ワクチンや病床対策を含め、政策対応の遅れが目立つ。コロナでの死もさることながら、ここで問題にしたいのは自殺者である。二〇二〇年の自殺者は二万一〇八一人で、前年比九一二人も増えた。とくに、一〇代から三〇代までの若者の自殺は五九〇八人、この世代の死因のダントツの一位である。自死にはそれぞれ複雑な事情があり、単純には議論できないが、生き抜くための心の耐久力に問題があることだけは直視されねばならない（厚生労働省自殺対策推進室による）。

東京郊外の医療現場で臨床医として生きてきた老医師から興味深い話を聞いた。「宗教心の無い人間が末期医療の段階を迎えるとパニックになる人が少なくない。宗教心が無いということは死生観が無いということで、自分を制御する魂の基軸が無い。医療現場に臨床宗教師が必要な時代になった」というのだ。心の耐久力において宗教の持つ意味は重い。他者の苦痛への共鳴(利他愛)を培う宗教心は、実は自分自身の生きる力に転換するからである。

宗教は「Religion」の訳語だが、その原義は「再解釈と再統合」だという。宗教の定義はきわめて多様であるが、宗教社会学の古典というべきE・デュルケムの『宗教生活の原初形態』は「宗教とは、神聖すなわち分離され禁止された事物と関連する信念と行事との連帯的な体系であり、教会と呼ばれる同じ道徳的共同社会に、これに帰依するすべての者を結合させる信念と行事である」と語るが、ここで語られる「連帯的体系」「結合」という概念が、民族や地域を束ねる共同幻想としての宗教という視界を示しており、「宗教とは再解釈と再統合を原義とする」ことに通じる。

世界宗教の意味を探ってきた私には腑に落ちるものがある。「パウロがキリスト教を創った」という言葉があるごとく、使徒パウロがイエスの十字架の死を「人間の原罪を背負った死」に昇華させたことから民族、階級、性別を超えた「キリスト教の世界化」をもたらしたことや、内省と解脱の仏陀の内なる仏教を弟子や後進が「衆生救済」の大乗仏教へと「加上」していく過程を想い起こしても、人類の思惟の絶えざる「再解釈と再統合」が世界宗教を形成してきたことに気づく。

無宗教者の宗教性

おそらく私自身は無宗教者ということになるのであろうが、無宗教者の宗教性を大切にしたいと思う。たとえ特定の宗教・宗派を信心せずとも、神や仏の気配を感じること、何か大きな意思が自分をみつめているという意識は、人間が生きる上で重要である。私が触れ合った世界の優れた宗教者に共通する空気は、他者の苦痛への共感を通じた静かな利他愛であった。宗教学者島薗進『日本仏教の社会倫理』(岩波書店、二〇一三年)は、共同生活を生きる「正法」理念としての仏教の本質を「一切の生きとし生きるものは幸せであれ」という言葉に集約するが、それは約一万年前とされる「定住革命」を経て共同生活をするに至った人類の普遍的宗教意識にも通じると思う。

現代を生きる大方の日本人の魂の基軸は、中東一神教の信者のごとく「絶対神」に帰依するものではなく、「宗教性は希薄」といわざるをえないが、潜在意識においては緩やかな「神仏儒」を習合させた価値を抱えているといえる。故郷の自然と同化した氏神様への崇敬ともいうべき神社神道、伝来した仏教の上に日本独自の創造的仏教を拓いた空海、親鸞、日蓮などの仏教的思潮、論語などの素読により染み込んだ儒教的規範性、こうしたものが相関して重層的に心に堆積し、日本人の精神性の深層底流を形成している。戦後日本社会で宗教性は希薄化したが、パンデミックの試練を体験する中、レジリエンスを取り戻す臨界点において、神仏の大きな意思が見つめている気配を感じ、宗教に心を動かす人が増えているといえよう。宗教の真価が問われる時代なのである。

最後に、令和期の日本人は心のレジリエンスが試される別次元の課題に直面していることを確認しておきたい。一〇年前の東日本大震災、そして現在のパンデミックを経験した不安の社会心理の中から、国への統合願望が強まり、日本人は「連帯」「絆」「結束」に心惹かれ始めている。中国の台頭という外部環境変化の中で、「中国の脅威」を打ち消すかのごとく、再び「からごころからやまとごころへ」というナショナリズムが高まり始めている。

こうした時代の空気を背景に、宗教性が希薄な日本の間隙を衝くように、国家神道を掲げた戦前期日本への回帰を志向する勢力が、天皇親政の神道国家を再興しようと「天皇を元首とする」憲法改正のアジェンダを埋め込もうとしている。私は日本人のしなやかな宗教性が試されると思っている。戦後民主主義を護ることと宗教を政治化させないことは相関しているのである。

（2021・8）

おわりに――一つのエピローグ　比叡山の星空を見上げて

一〇〇以上もの「よその国」を歩いて

「ここに還ってきたか」という感慨がよぎる。高校時代までを過ごした北海道札幌を訪れると、時に足が向かうのが北海道神宮である。円山の緑の森に包まれるように立つこの社は、多感だった少年期の思い出を蘇らせるものがある。両親や兄とともに、初詣や祭礼だけでなく、節目にはこの社に足を運んだ。あの頃はまだ「札幌神社」と呼ばれていて、一九六四年、つまりあの東京オリンピックの年、私が高校二年生の時に、明治天皇を新たに増祀して「北海道神宮」といわれるようになったが、私の中では今でもここは「札幌神社」である。神社にも「格」というものがあって、「神宮に昇格したのだ」と説明され、違和感を覚えたものである。

一九五九年だったが、札幌神社のお祭りの時、創成川の河畔のサーカス小屋から象が逃げ出して四八人の重軽傷者を出す大騒ぎになったことがあった。また、狸小路《たぬきこうじ》商店街の大売り出しの福引の景品に小型国産車が当たるというのが話題になったのもあの頃だった。一九六六年に早稲田への進学を目指して上京したが、一九六〇年代の札幌は、「坂の上の雲」を目指す躍動感と熱量があった。富士重工の「スバル360」に乗せてもらって行った石狩の浜辺で眺めた日本海、そして小学校の頃に過ごした釧路の近くの白糠《しらぬか》の浜辺から眺めた太平洋、大声で「海は広いな……」と歌い、「行ってみたいなよその国」と呟いていた少年は、一〇〇カ国を超す「よその国」を観てきた。まだ、その旅は続いているともいえる。

札幌神社は一八七一（明治四）年に国幣小社として創建されたが、その六年後の一八七七年に、かのキリスト者内村鑑三が訪れ、頭を垂れている。札幌農学校に入学して間もない一六歳の内村鑑三である。農学校二期生だった内村は、クラーク博士が残した「イエスを信じる者の誓約」を掲げてキリスト教への入信を迫る上級生の圧力の中で葛藤し、札幌神社の拝殿に額づき「八百万の神様、私に力を与えて下さい」と祈りを奉げたという。

結局、内村はキリスト教を受け入れ、洗礼を受けるのだが、西洋化という巨大な波に向き合った明治期を生きた日本の知識人が、一神教の絶対神に心惹かれていくことは理解できなくもない。日本の神社神道には教義、教典もなく、教祖もいないことに特色がある。自然への崇敬、祖先への敬愛、穢れの忌避、清浄なることを純朴に志向するもので、人間の内なる苦悩に向き合う宗教とは違う。それが神社神道を支える日本人の心であり、「それもよし」と思い至るには、真摯に宗教を考える青年ほど時間がかかるであろう。

特に、本書で論じてきたごとく、戦後日本を生きた日本人は、明治維新から敗戦までの日本では「国家神道」という政治権力（国体）と神道が結びついた特異な八〇年があり、それへの反動もあって、真剣に神道の意味を考えることを避け、宗教性の希薄な経済の時代を生きた。敗戦直後の一九四五年一二月のGHQ覚書による「神道指令」(国家神道、神社神道に対する政府の保証、支援、保全、監督並に弘布の廃止)により神道は宗教界における一宗教団体(宗派)としてのみ存続可能となった。戦前においては、内務省「神祇院」を中心として「国民教化」のための国家による神道管理体制が採られており、それが軍国日本を支えるイデオロギーとなって無謀な戦争への道へ日本を駆り立てたといえる。一九四六年正月には昭和天皇の人間宣言(神格化を否定する詔書)がなされ、国家神道体制は根底から否定されてしまった。

こうした動きを受けて、存続の危機を感じた神道の関係者が結束して一九四六年二月に設立したのが宗教法人「神社本庁」であった。「神社本庁」というと何やら官公庁の機関のような響きがあり、誤解している人も少なくないが、あくまで一宗教法人にすぎない。約八万社といわれる全国の神社を統括しているわけではなく、それぞれが歴史や地域に根差した多様な神社の自由な連盟組織である。二〇二〇年に金比羅総本宮(全国約六〇〇社)が離脱したようなことが起こりうるのである。

国家の政治権力と強く結びついた神道、つまり国家神道の復権を夢見る人々は、令和日本にも厳然と存在する。日本を「神の国」とし、天照大神の子孫たる万世一系の天皇を戴く特別な民族と妄信させ、日本を頂点とするアジアの解放を目指す軍国主義の狂気に駆り立て、日本人の死者三一〇万人(兵士二三〇万人、一般市民八〇万人)、アジアでの死者二一六二万人(中国一三二一万人、中国以外のアジア九一二万人、米国二九万人)という戦争の悲劇を招いたことは、日本近代史における最大の教訓であり、戦後を生きた日本人はそのことを決して忘れてはならないのである。日本人が宗教に無関心ではいられない理由がここにあるともいえる。

試される心の耐久力

あらためて、現代日本人の精神性を再考するならば、特定の宗教に深くコミットする人は少なく、宗教性は希薄な時代を生きていると言わざるをえないが、日本人の心の深層底流には「仏教・神道・儒教」の習合、複合ともいうべき価値観が存在しているといえる。仏教の全体知を志向する主知主義と内なる価値を見つめる意識、神道の自然の中に聖なる意思を感じ、清浄を希求する心、儒教の漢字文化を凝縮した規範性、それらを静かに吸収し、しかもキリスト教的絶対神さえ拒否しない柔軟性・受容性を日本人は有しているように思う。宗教的価値に対して「いいかげんで杜撰」にもみえるが、この吸収力と適応力が日本人の特色ともいえる。ユーラシアの東端に位置する日本が、文化潮流の吹き寄せる場として歴史を重ねてきたことが、こうした特色をもたらしたのであろう。

そして今、世界はコロナ禍という無明のトンネルの中にある。コロナウイルスは、我々人間のレジリエンス、心の耐久力を試すように、変異しながら恐怖を与え続けている。世界中で二・三億人を超える人が感染し、四七八万人という人が亡くなった(二〇二一年九月末)。誰もが「生命」「運命」「幸福」など個人の意思を超えたものに心が向かう体験をしているといえる。

地球の歴史は四六億年、ウイルスの歴史は三〇億年、そして我々新生人類(ホモ・サピエンス)の歴史はわずかに二〇万年とされ、地球の新参者にすぎない人類は、「ウイルスとの共生」という覚悟なしにこの星に生きることはできない。

「摂理」（自然界を支配する理法）という言葉があるが、ウイルスも人類もその摂理の中にあるといえる。

ウイルスそのものは自己増殖できないという意味で「生命体」とはいえないが、宿主への寄生を繰り返しながら変異し、まるで意思があるかのように人間との共存を迫ってくる。イェール大学ヒューマンネイチャー・ラボ所長を務めるニコラス・クリスタキスの『疫病と人類知——新型コロナウイルスが私たちにもたらした深遠かつ永続的な影響』（講談社、二〇二一年、原書"Apollo's Arrow" 2020）は、「ウイルスとの共生」に関してきわめて示唆的なことを語っている。「罹患者を殺すことは病原体の利益に適わない。病原体としては、宿主が動き回ってほかの人たちに感染させてほしいからだ。一般的に、時間がたつにつれてウイルスはこのような広まり方を優先し、毒性の弱い株が生き残るので、その致死性は低くなる」——この摂理を心に置くことが、「希望」に繋がるのである。

初秋の比叡山に立つ

「人間と宗教」を問いかける果てしなき旅の中間総括のため、初秋の比叡山に立ち、満天の星空を見上げた。宇宙空間における小さな星の歴史の一隅に生きる小さな個にすぎない自分だが、「人間は自分の存在の意味を問う動物である」という視点に立ち返り、世界と自分を見つめてきた。おそらく、この叡山の地から親鸞も日蓮も星空を見上げたであろう。特定の宗教に帰依するに至らない自分だが、自分の個を超えた大きな眼差しが自分を見つめているという気配を感じる。

最後に、この本の刊行に当たって、粘り強く支援してくれた岩波書店の中本直子、熊谷伸一郎、清宮美稚子、岡本厚の各氏に謝意を表しておきたい。また、九段下の寺島文庫における文献と情報の集積がこの本の推進力であったことを想い、日々支えてくれているスタッフにも感謝したい。

また、本書の「主要参考文献」については、ＤＸの時代でもあり、紙資源の節約も考え、岩波書店と寺島文庫のウェブサイトに保存している。ＵＲＬを記しておきたい。

寺島文庫にて

二〇二一年一〇月

https://www.terashima-bunko.com/

https://www.iwanami.co.jp/book/b593246.html

寺島実郎
1947年北海道生まれ．早稲田大学大学院政治学研究科修士課程修了後，三井物産入社．米国三井物産ワシントン事務所所長，三井物産常務執行役員，三井物産戦略研究所会長等を経て，現在は(一財)日本総合研究所会長，多摩大学学長，(一社)寺島文庫代表理事．国土交通省・国土審議会計画部会委員，経済産業省・資源エネルギー庁総合資源エネルギー調査会基本政策分科会委員等を務める．
著書に『脳力のレッスンⅠ〜Ⅴ』『日本再生の基軸』『シルバー・デモクラシー』(岩波書店)『中東・エネルギー・地政学』(東洋経済新報社)『世界を知る力』(PHP新書)他．

人間と宗教あるいは日本人の心の基軸

2021年11月26日　第1刷発行
2023年5月15日　第5刷発行

著　者　寺島実郎《てらしまじつろう》

発行者　坂本政謙

発行所　株式会社 岩波書店
〒101-8002 東京都千代田区一ツ橋2-5-5
電話案内 03-5210-4000
https://www.iwanami.co.jp/

印刷・三陽社　カバー・半七印刷　製本・松岳社

ISBN 978-4-00-061505-1　　Printed in Japan